अकबर की शायरी

(उर्दू, हिन्दी में एक साथ)

अकबर की शायरी

संपादक :

अमर देहलवी

हिन्दी बुक सेंटर

4/5 बी, आसफ़ अली रोड, दिल्ली–2

ISBN: 978-81-7650-351-8

दसवां संस्करण : 2016

मूल्य : 95/–

प्रकाशक :
स्टार पब्लिकेशंस प्रा. लि.
4/5–बी, आसफ अली रोड
नई दिल्ली – 110 002

लेज़र कम्पोजिंग :
आर. एस. प्रिंट्स, नई दिल्ली–110049

मुद्रक :
स्टार प्रिंट–ओ–बाइंड, नई दिल्ली

DEHLVI, AMAR (COMP.)
AKBAR KI SHAIRI
(Poetry Collection)
STAR

शायर के बारे में

सैय्यद अकबर हुसैन *नाम*, अकबर' *तख़ल्लुस*। 16 नवम्बर 1846 को मौजा बारा (इलाहबाद) में पैदा हुए। माता–पिता ने प्रारम्भिक शिक्षा पूर्व की भांति दिलवाई थी, मगर उन्होंने अपनी व्यक्तिगत लगन और दिलचस्पी से अंग्रेज़ी की शिक्षा भी अच्छी–ख़ासी ग्रहण कर ली थी। वकालत की शिक्षा प्राप्त करके सैशन जज के पद तक पहुंचे। हाई कोर्ट की जजी का अवसर भी प्रदान हुआ मगर सेहत ख़राब रहने के कारण जल्द ही रिटायर हो गए। उन्होंने अपने जीवन में 1857 की क्रान्ति से लेकर प्रथम विश्व युद्ध के आरम्भ व समाप्ति तक न सब कुछ देखा बल्कि मानसिक व चेतनात्मक रूप से उसमें दिलचस्पी भी ली। अदालतों से सम्पर्क की बदौलत अंग्रेज़ी शासन और उनके गिर्द घूमने वाले वर्ग के जीवन व चरित्र का गहन अध्ययन किया। उनके कलाम में उन सब अनुभवों के स्पष्ट प्रभाव मिलते हैं।

अकबर इस वक़्त तक उर्दू में हास्य व्यंग के सबसे बड़े प्रतिनिधि हैं। अकबर के यहां हमें पहली बार हास्य व्यंग दोनों शायर की ज़ात का तंग व सीमित दुनिया से बुलन्द होते नज़र आते हैं। उनके यहां यह केवल अंदाज़–ए–बयां ही नहीं वह इसे समाजी तब्दीलियों को समझने और समझाने का सब से अच्छा साधन समझते थे। इसीलिए उनकी शायरी में केवल हंसोड़पन नहीं बल्कि गम्भीरता व कोमलता का वातावरण भी छाया हुआ मिलता है।

अकबर के लिए शायरी का मक़सद जीवन की आलोचना एवं सुधार था। वास्तव में 1857 के बाद से देश की राजनीतिक व सामाजिक स्थिति में परिवर्तन की आवश्यकता की अनुभूति बढ़ती जा रही थी चुनाचें साहित्य

को भी सामाजिक सुधार का कारण बनाया गया।

'अकबर' अपने दौर की ज़िन्दगी और उसकी समस्याओं को एक कार्टूनिस्ट की नज़र से देखते थे। जिस तरह एक कार्टूनिस्ट अपने स्कैच में उन पहलुओं को घटा–बढ़ा कर उजागर कर देता है जिनपर व्यंग करना अभिप्राय हो। इसी तरह अकबर भी नई सभ्यता की ख़ामियों को बड़ी ख़ूबी के साथ उजागर करते थे।

अकबर वक़्त की रफ़्तार को देखकर यह अनुमान लगा चुके थे कि विद्रोह का यह तूफ़ान किसी के रोके रूक नहीं सकता इसलिए कहीं–कहीं वह स्वयं अपनी बातों पर हंसते हुए मिलते थे। और इस हंसी में दर्द की लहर भी होती थी।

अकबर को भाषा का भरपूर ज्ञान था। उन्होंने आम बोल–चाल की भाषा और अंग्रेज़ी से इस ख़ूबी से हास्य का काम लिया कि उनसे पहले शायद किसी ने सोचा भी न होगा।

अकबर का "गांधी नाम" पहली बार "किताबिस्तान" इलाहबाद ने 1948 में प्रकाशित किया था। अकबर का देहान्त 9 दिसम्बर 1921 को इलाहबाद में हुआ और वही दफ़न किए गए।

'अमर' देहलवी

کیا ہی رہ رہ کے طبیعت مِری گھبراتی ہے
موت آتی ہے شبِ ہجر، نہ نیند آتی ہے

وہ بھی چُپ بیٹھے ہیں، اغیار بھی چُپ، مَیں بھی خموش
ایسی صحبت سے طبیعت مِری گھبراتی ہے

کیوں نہ ہو اپنی لگاوٹ کی نظر پر نازاں
جانتے ہو کہ دلوں کو یہ لگا لاتی ہے

بزمِ عشرت کہیں ہوتی ہے تو رو دیتا ہوں
کوئی گزری ہوئی صحبت مجھے یاد آتی ہے

क्या ही रह रह के तबियत मेरी घबराती है
मौत आती है शब–ए–हिज्र[1], ना नींद आती है

वो भी चुप बैठे हैं, इग़यार[2] भी चुप, मैं भी ख़मोश
ऐसी सोहबत[3] से तबियत मेरी घबराती है

क्यों न हो अपनी लगावट की नज़र पर नाज़ां[4]
जानते हो कि दिलों को ये लगा लाती है

बज़्म–ए–इशरत[5] कहीं होती है रो देता हूं
कोई गुज़री हुई सोहबत मुझे याद आती है

* * *

---

1. जुदाई की रात, 2. दुश्मन, 3. पास बैठना, 4. घमण्डी, 5. ख़ुशी की महफ़िल।

غمزہ نہیں ہوتا کہ اشارا نہیں ہوتا
آنکھ اُن سے جو ملتی ہے تو کیا کیا نہیں ہوتا

جلوہ نہ ہو معنی کا تو صورت کا اثر کیا
بُلبُل گُلِ تصویر کا شیدا نہیں ہوتا

اللہ بچائے مَرضِ عِشق سے دِل کو
سُنتے ہیں کہ یہ عارضہ اچھّا نہیں ہوتا

تشبیہ ترے چہرے کو کیا دوں گلِ تر سے
ہوتا ہے شگفتہ مگر اتنا نہیں ہوتا

میں نزع میں ہوں، آئیں تو احسان ہے اُن کا
لیکن یہ سمجھ لیں کہ تماشا نہیں ہوتا

ہم آہ بھی کرتے ہیں تو ہو جاتے ہیں بدنام
وہ قتل بھی کرتے ہیں تو چرچا نہیں ہوتا

ग़मज़ा[1] नहीं होता कि इशारा नहीं होता
आंख उन से जो मिलती है तो क्या क्या नहीं होता

जलवा ना हो मानी का तो सूरत का असर क्या
बुलबुल गुल–ए–तस्वीर का शयदा[2] नहीं होता

अल्लाह बचाए मरज़–ए–इश्क़[3] से दिल को
सुनते हैं कि ये आरज़ा[4] अच्छा नहीं होता

तशबीह[5] तेरे चेहरे को क्या दूं गुल–ए–तर से
होता है शगुफ़्ता मगर इतना नहीं होता

मैं निज़आ[6] में हूं आएं तो एहसान है उनका
लेकिन ये समझ लें के तमाशा नहीं होता

हम आह भी करते हैं तो हो जाते हैं बदनाम
वो क़त्ल भी करते हैं तो चर्चा नहीं होता

* * *

---

1. कटाक्ष, नख़रा, 2. चाहना, 3. प्रेम रोग, 4. बीमारी, 5. मिसाल 6. मृत्यु का समय।

سو جان سے محوِ رُخِ جاناں ہیں تو ہم ہیں
اس آئینہ خانہ میں جو حیراں ہیں تو ہم ہیں

گُلگشت کریں، پھُول چُنیں، اُن کو ہے کیا غم
آوارۂ صحرائے مغیلاں ہیں تو ہم ہیں

بھڑکی ہوئی ہے آتشِ گُل اپنے ہی دم سے
سوزِ جگرِ بُلبُلِ نالاں ہیں تو ہم ہیں

شور اپنے ہی جلوے کا ہے یہ دیر و حرم میں
مقصودِ دلِ گبر و مُسلماں ہیں تو ہم ہیں

اے برق تڑپنے میں ہمیں ہیں ترے ساتھی
اے ابر ترے ساتھ جو گریاں ہیں تو ہم ہیں

دن رات رقیبوں پہ ہے صاحب کی عنایت
بس ایک غمِ ہجر میں نالاں ہیں تو ہم ہیں

सौ जान से महव–ए–रूख़–ए–जाना[1] हैं तो हम हैं
इस आईना ख़ाना[2] में जो हैरां हैं तो हम हैं

गुलगिश्त करें, फूल चुनें उनको है क्या ग़म
आवारा–ए–सहरा–ए–मुग़ीलां[3] हैं तो हम हैं

भड़की हुई है आतिश–ए–गुल[4] अपने ही दम से
सोज़–ए–जिगर–ए–बुलबुल–ए–नालां[5] हैं तो हम से

शोर अपने ही जलवे का है ये दैर–ओ–हरम[6] में
मक़सूद–ए–दिल–ए–गबरू–ओ–मुसलमां[7] हैं तो हम हैं

ऐ बर्क़[8] तड़पने में हम हैं तेरे साथी
ऐ अब्र[9] तेरे साथ जो गिरयां[10] हैं तो हम हैं

दिन रात रक़ीबों[11] पे है साहब की इनायत
बस एक ग़म–ए–हिज्र[12] में नालां[13] हैं तो हम हैं

* * *

1. प्रेमिका की ओर देखना, 2. शीशों का घर, 3. जंगल में भटकने वाले, 4. फूलों की लाली, 5. परेशान बुलबुल के दिल का दर्द, 6. मन्दिर–मस्जिद, 7. आग को पूजने वाले और एक ख़ुदा को मानने वाले, 8. बिजली, 9. बादल, 10. रोता हुआ, 11. दुश्मन, 12. जुदाई का ग़म, 13. परेशान।

دل مِرا جس سے بہلتا کوئی ایسا نہ مِلا
بُت کے بندے ملے، اللہ کا بندا نہ ملا

بزمِ یاراں سے پھری بادِ بہاری مایوس
ایک سر بھی اُسے آمادۂ سودا نہ ملا

گُل کے خواہاں تو نظر آئے بہت عطر فروش
طالبِ زمزمۂ بُلبُلِ شیدا نہ ملا

واہ کیا راہ دکھائی ہے ہمیں مُرشد نے
کردیا کعبے کو گُم اور کلیسا نہ ملا

رنگ چہرے کا تو کالج نے بھی رکھا قائم
رنگِ باطن میں مگر باپ سے بیٹا نہ ملا

سیّد اُٹھے جو گزٹ لے کے تو لاکھوں لائے
شیخ قرآن دکھاتے پھرے پیسا نہ ملا

ہوشیاروں میں تو اِک اِک سے سِوا ہیں اکبرؔ
مجھ کو دیوانوں میں لیکن کوئی مُجھ سا نہ ملا

दिल मेरा जिससे बहलता कोई ऐसा ना मिला
बुत के बन्दे मिले, अल्लाह का बन्दा ना मिला

बज़्म–ए–यारां[1] से फिरी बाद–ए–बहारी[2] मायूस
एक सर भी उसे आमादा–ए–सौदा[3] ना मिला

गुल के ख्वाहां[4] तो नज़र आए बहुत इत्र–फ़रोश[5]
तालिब–ए–ज़मज़मा–ए–बुलबुल–ए–शैदा[6] ना मिला

वाह क्या राह दिखाई है हमें मुरशिद[7] ने
कर दिया काबे को गुम और कलीसा ना मिला

रंग चेहरे का तो कालिज ने भी रखा क़ायम[8]
रंग–ए–बातिन[9] में मगर बाप से बेटा ना मिला

सैय्यद उठे जो गज़ट लेके तो लाखों लाए
शेख कुरआन दिखाते फिरे पैसा ना मिला

होशयारों में तो इक इक से सिवा है 'अकबर'
मुझको दीवानों में लेकिन कोई तुझसा ना मिला

* * *

1. मित्रों की सभा, 2. बहार में मौसम की हवा, 3. पागलपन के लिए तैयार, 4. इच्छुक, 5. खुश्बु बेचने वाले, 6. बुलबुल का गीत सुनने का इच्छुक, 7. गुरू, 8. स्थित, 9. छुपे हुए ढंग से।

جو تمہارے لبِ جاں بخش کا شیدا ہوگا
اُٹھ بھی جائے گا جہاں سے تو مسیحا ہوگا

وہ تو موسیٰ ہوا جو طالبِ دیدار ہوا
پھر وہ کیا ہوگا کہ جس نے تمہیں دیکھا ہوگا

قیس کا ذکر مرے شانِ جنوں کے آگے !
اگلے وقتوں کا کوئی بادیہ پیما ہوگا

آرزو ہے مجھے اِک شخص سے ملنے کی بہت
نام کیا لوں کوئی اللہ کا بندا ہوگا

لعلِ لب کا ترے بوسہ تو میں لیتا ہوں مگر
ڈر یہ ہے خونِ جگر بعد میں پینا ہوگا

जो तुम्हारे लब–ए–जां–बख़्श[1] का शैदा[2] होगा
उठ भी जाएगा जहां से तो मसीहा होगा

वो तो मूसा हुआ जो तालिब–ए–दीदार[3] हुआ
फिर वो क्या होगा कि जिसने तुम्हें देखा होगा

क़ैस[4] का ज़िक्र मेरे शान–ए–जुनूं[5] के आगे
अगले वक़्तों का कोई बादया–पैमा[6] होगा

आरज़ू है मुझे इक शख़्स[7] से मिलने की बहुत
नाम क्या लूं कोई अल्लाह का बन्दा होगा

लाल–ए–लब[8] का तेरे बोसा[9] तो मैं लेता हूं मगर
डर ये है ख़ून–ए–जिगर[10] बाद में पीना होगा

✸ ✸ ✸

---

1. जीवन देने वाले होंठ, 2. प्रेमी, 3. दर्शन अभिलाषी, 4. मजनूं, 5. पागलपन का गर्व, 6. शराब पीने वाला, 7. व्यक्ति, 8. होंठों के मोती, 9. चुम्बन, 10 दिल का ख़ून।

مہربانی ہے عیادت کو جو آتے ہیں مگر
کس طرح ان سے ہمارا حال دیکھا جائے گا

دفترِ دُنیا اُلٹ جائے گا بالکل یک قلم
ذرہ ذرہ سب کا اصلی حال دیکھا جائے گا

آفیشل اعمال نامہ کی نہ ہوگی کچھ سند
حشر میں تو نامۂ اعمال دیکھا جائے گا

بچ رہے طاعون سے تو اہلِ غفلت بول اٹھے
اب تو مہلت ہے پھر اگلے سال دیکھا جائے گا

تہہ کرو صاحب نسب نامے وہ وقت آیا ہے
بے اثر ہوگی شرافت، مال دیکھا جائے گا

رکھ قدم ثابت، نہ چھوڑ اکبر صراطِ مستقیم
خیر چل جانے دے ان کی چال دیکھا جائے گا

मेहरबानी है अयादत[1] को जो आते हैं मगर
किस तरह उनसे हमारा हाल देखा जाएगा

दफ़्तर–ए–दुनिया उलट जाएगा बिलकुल यकक़लम[2]
ज़र्रा–ज़र्रा[3] सबका असली हाल देखा जाएगा

आफ़िशियल आमाल नामे[4] की ना होगी कुछ सनद
हश्र[5] में तो नाम–ए–आमाल[6] देखा जाएगा

बच रहे ताऊन से तो अहल–ए–ग़फ़लत[7] बोल उठे
अब तो मौहलत है फिर अगले साल देखा जाएगा

तह करो साहब नसब–नामे[8] वो वक़्त आया है अब
बेअसर होगी शराफ़त, मुआल[9] देखा जाएगा

रख क़दम साबित, ना छोड़, 'अकबर' सरात–ए–मस्तक़ीम[10]
खैर चल जाने दे उनकी चाल, देखा जाएगा

* * *

---

1. बीमार का हाल पूछना, 2. यकायक, 3. कण कण, 4. कर्मों का चिट्ठा, 5. प्रलय, 6. कर्मों का चिट्ठा, 7. लापरवाह लोग, 8. वंश तालिका, 9. कर्म, 10. बहुत पतला रास्ता।

وہ مطرب اور وہ ساز وہ گانا بدل گیا
نیندیں بدل گئیں وہ فسانہ بدل گیا

رنگِ رُخِ بہار کی زینت ہوئی نئی
گلشن میں بُلبلوں کا ترانہ بدل گیا

فطرت کے ہر اثر میں ہوا ایک انقلاب
پانی فلک پہ کھیت میں دانہ بدل گیا

حدِ شہرِ عافیت کی نئی طرز پر بندھی
وہ چوکیاں بدل گئیں تھانہ بدل گیا

वो मुतरब[1] और वो साज़ वो गाना बदल गया
नींदें बदल गयीं वो फ़साना बदल गया

रंग–ए–रूख़–ए–बहार की ज़ीनत हुई नई
गुलशन में बुलबुलों का तराना बदल गया

फ़ितरत[2] के हर असर में हुआ एक इंक़लाब
पानी फ़लक[3] पे खेत में दाना बदल गया

हद शहर–ए–आफ़यत[4] की नई तर्ज़ पर बंधी
वो चौकियां बदल गयीं, थाना बदल गया

* * *

1. गाने वाला, 2. प्राकृति, 3. आसमान, 4. अमन चैन का नगर।

کیا جانئے سیّد تھے حق آگاہ کہاں تک
سمجھے نہ کہ سیدھی ہے مری راہ کہاں تک

منطق بھی تو اک چیز ہے اے قبلہ وکعبہ
دے سکتی ہے کام آپ کی 'واللہ' کہاں تک

افلاک تو اس عہد میں ثابت ہوئے معدوم
اب کیا کہوں جاتی ہے مری آہ کہاں تک

کچھ صنعت و حرفت پہ بھی لازم ہے توجہ
آخر یہ گورمنٹ سے تنخواہ کہاں تک

مرنا بھی ضروری ہے خدا بھی ہے کوئی چیز
اے حرص کے بندو! ہوسِ جاہ کہاں تک

تحسین کے لائق ترا ہر شعر ہے اکبر
احباب کریں بزم میں اب واہ کہاں تک

क्या जानिए सय्यद थे हक़-आगाह[1] कहां तक
समझे ना कि सीधी है मेरी राह कहां तक

मन्तिक[2] भी तो इक चीज़ है ऐ क़िबला-ओ-काबा[3]
दे सकती है काम आपकी 'वल्लाह' कहां तक

इफ़लाक[4] तो इस अहद[5] में साबित हुए मादूम[6]
अब क्या कहूं जाती है मेरी आह कहां तक

कुछ सनअत-ओ-हिरफ़त[7] पे भी लाज़िम है तवजह[8]
आखिर ये गंवर्मिंट से तन्ख्वाह कहां तक

मरना भी ज़रूरी है खुदा भी है कोई चीज़
ऐ हिरस[9] के बन्दों हवस-ए-जाह[10] कहां तक

तहसीन[11] के लायक़ तेरा हर शे'र है 'अकबर'
अहबाब[12] करें बज़्म में अब वाह कहां तक

* * *

1. सच्चाई जानने वाला, 2. फ़लसफ़ा, 3. आदरणीय, 4. सातों आसमान, 5. समय, दौर, 6. ग़ायब, 7. लघु उद्योग, 8. ध्यान, 9. चाह, 10. तृष्ण, 11. प्रशंसा, 12. मित्रगण।

دلِ مایوس میں وہ شورشیں برپا نہیں ہوتیں
اُمّیدیں اس قدر ٹوٹیں کہ اب پیدا نہیں ہوتیں

مری بیتابیاں بھی جزو ہیں اک میری ہستی کی
یہ ظاہر ہے کہ موجیں خارج از دریا نہیں ہوتیں

وہی پریاں ہیں اب بھی راجا اِندر کے اکھاڑے میں
مگر شہزادۂ گلفام پر شیدا نہیں ہوتیں

یہاں کی عورتوں کو علم کی پروا نہیں بے شک
مگر یہ شوہروں سے اپنے بے پروا نہیں ہوتیں

تعلّق دل کا کیا باقی میں رکھوں بزمِ دُنیا سے
وہ دل کش صورتیں اب انجمن آرا نہیں ہوتیں

ہوا ہوں اس قدر افسردہ رنگ باغِ ہستی سے
ہوائیں فصلِ گل کی بھی نشاط افزا نہیں ہوتیں

قضا کے سامنے بیکار ہوتے ہیں حواس اکبرؔ
کھُلی ہوتی ہیں گو آنکھیں مگر بینا نہیں ہوتیں

दिल–ए–मायूस में वो शोरिशें[1] बरपा नही होतीं
उम्मीदें इस क़दर टूटीं कि अब पैदा नहीं होतीं

मेरी बेताबियां भी जुज़्ब[2] हैं इक मेरी हस्ती की
ये ज़ाहिर है कि मौजें ख्वारिज–अज़–दरिया[3] नहीं होतीं

वही परियां हैं अब भी राजा इन्द्र के अखाड़ें में
मगर शहज़ादा–ए–गुलफ़ाम[4] पर शयदा[5] नहीं होतीं

यहां की औरतों को इल्म[6] की परवा नहीं बेशक
मगर ये शौहरों से अपने बेपरवाह नहीं होतीं

तअल्लुक़[7] दिल का क्या बाक़ी मैं रखूं
बज़्म–ए–दुनिया से
वो दिलकश सूरतें अब अन्जुमनआरा[8] नहीं होतीं

हुआ हूं इस क़दर अफ़सुर्दा–रंग[9] बाग़–ए–हस्ती से
हवाऐं फ़सल–ए–गुल की भी निशातअफ़ज़ा[10] नहीं होतीं

क़ज़ा[11] के सामने बेकार होते हैं हवास[12] 'अकबर'
खुली होती हैं गो आंखें मगर बीना नहीं होतीं

* * *

1. विपल्व, कोलाहल, 2. हिस्सा, अंग, 3. नदी से बाहर, 4. राजकुमार का नाम, 5. सुगंध, 6. शिक्षा, 7. सम्बन्ध, 8. सभा सजाना, 9. उदासी, हृदय को गुदगुदाने वाली, 11. मौत, 12. होश, 13. रौशन,

بحثیں فضول تھیں یہ کھُلا حال دیر میں
افسوس عمر کٹ گئی لفظوں کے پھیر میں

ہے ملک اِدھر تو قحط زدہ، اُس طرف یہ وعظ
کُشتے وہ کھاکے پیٹ بھرے پان سیر میں

ہیں غش میں شیخ دیکھ کے حسنِ مسِ فرنگ
بچ بھی گئے تو ہوش اُنہیں آئے گا دیر میں

چھوٹا اگر میں گردشِ تسبیح سے تو کیا
اب پڑ گیا ہوں آپ کی باتوں کے پھیر میں

बहसें फ़ज़ूल थीं ये खुला हाल देर में
अफ़सोस उम्र कट गई लफ़्ज़ों के फेर में

है मुल्क इधर तो क़हत ज़दा, उस तरफ़ ये वाज़[1]
कुश्ते[2] वो खा के पेट भरे पान सेर में

हैं ग़श[3] में शेख देश के हुस्न–ए–मिस फ़रंग[4]
बच भी गए तो होश उन्हें आएगा देर में

छूटा अगर मैं गर्दिश–ए–तस्बीह[5] से तो क्या
अब पड़ गया हूं आप की बातों के फेर में

* * *

---

1. उपदेश, 2. ताक़त की दवा, 3. चक्कर, 4. अंग्रेज़ लड़की की सुन्दरता, 5. माल का चक्कर।

بہت رہا ہے کبھی لطفِ یار ہم پر بھی
گزر چکی ہے یہ فصلِ بہار ہم پر بھی

عروسِ دہر کو آیا تھا پیار ہم پر بھی
یہ بیسوا تھی کسی شب نثار ہم پر بھی

بٹھا چکا ہے زمانہ ہمیں بھی مسند پر
ہوا کیے ہیں جواہر نثار ہم پر بھی

عدو کو بھی جو بنایا ہے تم نے محرمِ راز
تو فخر کیا جو ہوا اعتبار ہم پر بھی

خطا کسی کی ہو لیکن کھلی جو اُن کی زباں
تو ہو ہی جاتے ہیں دو ایک وار ہم پر بھی

ہم ایسے رند مگر یہ زمانہ ہے وہ غضب
کہ ڈال ہی دیا دنیا کا بار ہم پر بھی

ہمیں بھی آتشِ الفت جلا چکی اکبرؔ
حرام ہو گئی دوزخ کی نار ہم پر بھی

बहुत रहा है कभी लुत्फ़[1] यार हम पर भी
गुज़र चुकी है ये फ़सल-ए-बहार[2] हम पर भी

उरूस-ए-दहर[3] को आया था प्यार हम पर भी
ये बेसुवा थी किसी शब निसार[4] हम पर भी

बिठा चुका है ज़माना हमें भी मसनद[5] पर
हुआ किए हैं जवाहर निसार हम पर भी

उदू[6] को भी जो बनाया है तुमने महरम-ए-राज़[7]
तो फ़ख्र क्या जो हुआ ऐतबार हम पर भी

खता किसी कि हो लेकिन खुली जो उन की ज़बां
तो हो ही जाते हैं दो एक वार हम पर भी

हम ऐसे रिन्द[8] मगर ये ज़माना है वो ग़ज़ब
कि डाल ही दिया दुनिया का बार हम पर भी

हमें भी आतिश-ए-उलफ़त[9] जला चुकी 'अकबर'
हराम हो गई दोज़ख की नार[10] हम पर भी

* * *

---

1. मज़ा, 2. बहार का मौसम, 3. अन्धेरे की दुल्हन, 4. कुर्बान, 5. गद्दी, 6. दुश्मन, 7. राज़दार, 8. शराबी, 9. प्रेम की आग, 10 आग।

معنی کو بھلا دیتی ہے صورت ہے تو یہ ہے
نیچر بھی سبق سیکھ لے زینت ہے تو یہ ہے

کمرے میں جو ہنستی ہوئی آئی مِس رعنا
ٹیچر نے کہا علم کی آفت ہے تو یہ ہے

یہ بات تو اچھی ہے کہ الفت ہو مِسوں سے
حور اُن کو سمجھتے ہیں، قیامت ہے تو یہ ہے

پیچیدہ مسائل کے لئے جاتے ہیں انگلینڈ
زلفوں میں اُلجھ آتے ہیں شامت ہے تو یہ ہے

پبلک میں ذرا ہاتھ مِلا لیجئے مجھ سے
صاحب مرے ایمان کی قیمت ہے تو یہ ہے

मुअनी[1] को भुला देती है सूरत है तो ये है
नेचर भी सबक़ सीख ले ज़ीनत[2] है तो ये है

कमरे में जो हंस्ती हुई आई मिस–ए–राना[3]
टीचर ने कहा इल्म[4] की आफ़त है तो ये है

ये बात तो अच्छी है कि उलफ़त हो मिसों से
हूर[5] उनको समझते हैं, क़यामत है तो ये है

पेचिदा[6] मसाईल[7] के लिए जाते हैं इंग्लैंड
जुल्फ़ों में उलझ आते हैं शामत है तो ये है

पब्लिक में ज़रा हाथ मिला लिजिए हम से
साहब मेरे ईमान की क़ीमत है तो ये है

* * *

---

1. अर्थ, 2. रौनक, 3. सुन्दर युवती, 4. शिक्षा, 5. स्वर्ग की स्त्रीयां, 6. फेरदार, उलझे हुए, 7. समस्याएं।

یہ موجودہ طریقے راہیِ ملکِ عدم ہوں گے
نئی تہذیب ہو گی اور نئے ساماں بہم ہوں گے

نئے عنوان سے زینت دکھائیں گے حسیں اپنی
نہ ایسا پیچ زلفوں میں، نہ گیسو میں یہ خم ہوں گے

نہ خاتونوں میں رہ جائے گی پردے کی یہ پابندی
نہ گھونگھٹ اس طرح سے حاجبِ روئے صنم ہوں گے

عقائد پر قیامت آئے گی ترمیمِ ملّت سے
نیا کعبہ بنے گا، مغربی پُتلے صنم ہوں گے

بدل جائے گا معیارِ شرافت چشمِ دنیا میں
زیادہ تھے جو اپنے زعم میں وہ سب سے کم ہوں گے

کسی کو اس تغیر کا نہ حِس ہو گا نہ غم ہو گا
ہوئے جس ساز سے پیدا اسی کے زیر و بم ہوں گے

تمہیں اس انقلابِ دہر کا کیا غم ہے اے اکبر
بہت نزدیک ہیں وہ دن کہ تم ہو گے نہ ہم ہوں گے

ये मौजूदा तरीक़े राही–ए–मुल्क–ए–अदम[1] होंगे
नई तहज़ीब होगी और नए सामां बहम[2] होंगे

नए उनवान[3] से ज़ीनत दिखाएँगे हंसी अपनी
ना ऐसा पेच जुल्फ़ों में, ना गेसू में ये खम[4] होंगे

ना खातूनों में रह जाएगी पर्दे की ये पाबन्दी
ना घूंघट इस तरह से हाजिब–ए–रू–ए–सनम[5] होंगे

अक़ीदत[6] पर क़यामत आएगी तरमीम–ए–मिल्लत[7] से
नया काबा बनेगा, मग़रबी पुतले सनम होंगे

बदल जाएगा मेयार–ए–शराफ़त[8] चश्म दुनिया में
ज़्यादा थे जो अपने ज़अम[9] में वो सबसे कम होंगे

किसी को इस तग़य्युर[10] का ना हिस[11] होगा ना ग़म होगा
हुए जिस साज़ से पैदा उसी के ज़ेर–ओ–बम[12] होंगे

तुम्हें इस इंक़लाब–ए–दहर का क्या ग़म है ऐ 'अकबर'
बहुत नज़दीक हैं वो दिन कि तुम होंगे ना हम होंगे

* * *

1. विनाश की ओर जाने वाले, 2. प्राप्त, 3. शीर्षक
4. टेढ़ापन, 5. प्रेमिका के चेहरे के बीच, 6. श्रद्धा,
7. जाति में बदलाव आना, 8. अच्छाई का स्तर, 9. घमण्ड,
10 इंक़लाब, बदलाव, 11. एहसास, 12. ऊंचाई, नीचाई।

وہ ہوا نہ رہی، وہ چمن نہ رہا، وہ گلی نہ رہی، وہ حسیں نہ رہے
وہ فلک نہ رہا، وہ سماں نہ رہا، وہ مکاں نہ رہا، وہ مکیں نہ رہے

وہ گلوں میں گلوں کی سی بو نہ رہی، وہ عزیزوں میں لطف کی خو نہ رہی
وہ حسینوں میں رنگ وفا نہ رہا، کہیں اور کی کیا، وہ ہمیں نہ رہے

نہ وہ آن رہی، نہ اُمنگ رہی، نہ وہ رندی و زہد کی جنگ رہی
سوئے قبلہ نگاہوں کے رخ نہ رہے، درِ دیر پہ نقشِ جبیں نہ رہے

ترے کوچۂ زلف میں دل ہے مرا، اب اسے میں سمجھتا ہوں دامِ بلا
یہ عجیب ستم ہے، عجیب جفا، کہ یہاں نہ رہے تو کہیں نہ رہے

جو تھیں چشمِ فلک کی بھی نورِ نظر، وہی جن پہ نثار تھے شمس و قمر
سو اب ایسی مٹی ہیں وہ انجمنیں کہ نشان بھی انکے کہیں نہ رہے

وہی صورتیں رہ گئیں پیشِ نظر جو زمانہ کو پھیریں اِدھر سے اُدھر
مگر ایسے جمالِ جہاں آرا جو تھے رونقِ روئے زمیں نہ رہے

غم و رنج میں اکبر اگر ہے گھرا، تو سمجھ لے کہ رنج کو بھی ہے فنا
کسی شے کو نہیں ہے جہاں میں بقا، وہ زیادہ ملول و حزیں نہ رہے

वो हवा ना रही, वो चमन ना रहा, वो गली ना रही, वो हंसी ना रहे
वो फलक[1] ना रहा, वो समां ना रहा, वो मकां ना रहा, वो मकीं[2] ना रहे

वो गुलों में गुलों की सी बू ना रही, वो अज़ीज़ों के लुत्फ की ख़्व ना रही
वो हसीनों में रंग–ए–वफा ना रहा कहें और की क्या वो हमीं ना रहे

ना वो आन रही, ना उमंग रही, ना वो रिंदी–ओ–ज़ोहद[3] की जंग रही
सू–ए–किबला निगाहों के रूख़्व ना रहे, दर–ए–दैर पेनक़्श–ए–जबीं[4] ना रहे

तेरे कूचा–ए–ज़ुल्फ में दिल है मेरा, अब उसे मैं समझता हूं दाम–ए–बला[5]
ये अजीब सितम है, अजीब जफा, कि यहां ना रहे तो कहीं ना रहे

जो थीं चश्म–ए–फलक की भी नूर–ए–नज़र, वही जिन पे निसार थे शमस–ओ–क़मर[6]
सो अब ऐसी मिटी हैं वो अन्जुमनें कि निशान भी उनके कहीं ना रहे

वही सूरतें रह गईं पेश–ए–नज़र[7] जो ज़माने को फेरे इधर से उधर
मगर ऐसे जमाल–ए–जहांआरा जो थे रौनक–ए–रू–ए–ज़मीं[8] ना रहे

ग़म–ओ–रंज में 'अकबर' अगर है घिरा, तो समझ ले कि रंज को भी है फ़ना
किसी शय को नहीं है जहां में बक़ा[10], वो ज़्यादा मलूल–ओ–हज़ीं[11] ना रहे

* * *

---

1. आसमान, 2. घर में रहने वाले, 3. शराब पीना और इबादत करना, 4. माथे का निशान, 5. मुसीब का फंदा, 6 सूर्य और चन्द्रमा, 7. सामने, 8. धरती का सुन्दरता, 9. वस्तु, 10 अमर, 11. दुखी, उदास।

بے نالہ و فریاد و فغاں رہ نہیں سکتے
تہر اس پہ یہ ہے اس کا سبب کہہ نہیں سکتے

موجیں ہیں طبیعت میں، مگر اُٹھ نہیں سکتیں
دریا ہیں مرے دل میں، مگر بہہ نہیں سکتے

پتوار شکستہ ہے نہیں طاقتِ ترمیم
ہے ناؤ میں سوراخ مگر کہہ نہیں سکتے

کہہ دو گے کہ ہے تجربہ اس بات کے برعکس
کیوں کر یہ کہیں ظلم و ستم سہہ نہیں سکتے

عزت کبھی وہ تھی کہ بھلائے سے نہ بھولے
تحقیر اب ایسی ہے جسے سہہ نہیں سکتے

बे नाला–ओ–फरयाद–ओ–फुग़ां[1] रह नहीं सकते
क़हर इस पे ये है इसका सबब कह नहीं सकते

मौजें हैं तबियत में, मगर उठ नहीं सकतीं
दरिया हैं मेरे दिल में, मगर बह नहीं सकते

पतवार शिकस्त[2] है नहीं ताक़त–ए–तरमीम[3]
है नाव में सुराख मगर कह नहीं सकते

कह दोगे कि है तजुर्बा इस बात के बरअक्स[4]
क्योंकर ये कहें जुल्फ–ओ–सितम सह नहीं सकते

इज़्ज़त कभी वो थी कि भुलाए से ना भूले
तहक़ीर[5] अब ऐसी है जिसे सह नहीं सकते

* * *

1. शिकायत व दुखी आवाज़, 2. टूटे हुए, 3. बदलने की शक्ति, 4. उल्टा, 5. बेइज़्ज़ती, अपमान।

آنکھیں مجھے تلووں سے وہ ملنے نہیں دیتے
ارمان مرے دل کا نکلنے نہیں دیتے

خاطر سے تری یاد کو ٹلنے نہیں دیتے
سچ ہے کہ ہمیں دل کو سنبھلنے نہیں دیتے

کس ناز سے کہتے ہیں وہ جھنجلا کے شبِ وصل
تم تو ہمیں کروٹ بھی بدلنے نہیں دیتے

پروانوں نے فانوس کو دیکھا تو یہ بولے
کیوں ہم کو جلاتے ہو کہ جلنے نہیں دیتے

حیران ہوں کس طرح کروں عرضِ تمنا
دشمن کو تو پہلو سے وہ ٹلنے نہیں دیتے

دل وہ ہے کہ فریاد سے لبریز ہے ہر وقت
ہم وہ ہیں کہ کچھ منہ سے نکلنے نہیں دیتے

گرمیٔ محبّت میں وہ ہیں آہ سے مانع
پنکھا نفسِ سرد کا جھلنے نہیں دیتے

आंखें मुझे तलवों से वो मलने नहीं देते
अरमान मेरे दिल का निकलने नहीं देते

खातिर से तेरी याद को टलने नहीं देते
सच है कि हमीं दिल को सम्भलने नहीं देते

किस नाज़ से कहते हैं कि वो झुंझला के शब-ए-वस्ल[1]
तुम तो हमें करवट भी बदलने नहीं देते

परवानों ने फ़ानूस[2] को देखा तो ये बोले
क्यों हमको जलाते हो कि जलने नहीं देते

हैरान हूं किस तरह करूं अर्ज़-ए-तमन्ना[3]
दुश्मन को तो पहलू[4] से वो टलने नहीं देते

दिल वो है कि फ़रयाद से लबरेज़[5] है हर वक़्त
हम वो हैं कि कुछ मुंह से निकलने नहीं देते

गर्मी-ए-मौहब्बत में वो है आह से माने[6]
पंखा नफ़स-ए-सर्द[7] का झलने नहीं देते

* * *

---

1. मिलन की रात, 2. मोमबत्ती जलाने का शीशे का बर्तन, 3. इच्छा प्रकट करना, 4. बग़ल, समीप, 5. भरा हुआ, 6. बाध्य, 7. ठंडी सांस।

ہوائے شب بھی ہے عنبر افشاں، عروج بھی ہے مہ جبیں کا
نثار ہونے کی دو اجازت محل نہیں ہے 'نہیں نہیں' کا

اگر ہو ذوقِ سجود پیدا، ستارہ ہو اوج پر جبیں کا
نشانِ سجدہ زمین پر ہو تو فخر ہے وہ رُخِ زمیں کا

صبا بھی اس گل کے پاس آئی تو میرے دل کو ہوا یہ کھٹکا
کوئی شگوفہ نہ یہ کھلائے، پیام لائی نہ ہو کہیں کا

نہ مہر و مہ پر مری نظر ہے، نہ لالہ و گل کی کچھ خبر ہے
فروغِ دل کے لیے ہے کافی تصوّر اس روئے آتشیں کا

نہ علم فطرت میں تم ہو ماہر، نہ ذوقِ طاعت ہے تم سے ظاہر
یہ بے اصولی بہت بُری ہے، تمھیں نہ رکھے گی یہ کہیں کا

हवा–ए–शब[1] भी है अम्बर–अफ्शं[2], उरूज[3] भी है महजबीं का
निसार होने की दो इजाज़त महल नहीं है, 'नहीं नहीं' का

अगर हो ज़ौक–ए–सुजूद[4] पैदा, सितारा हो औज[5] पर जबीं का
निशान–ए–सजदा ज़मीन पर हो तो फख्र है वो रूख–ए–ज़मीं का

सबा भी उस गुल के पास आई तो मेरे दिल को हुआ ये खटका
कोई शगूफा ना ये खिलाए, प्याम लाई ना हो कहीं का

ना महर–ओ–महा[6] पर मेरी नज़र है, ना लाल–ओ–गुल की कुछ ख़बर है
फरोग़–ए–दिल[7] के लिए है काफी तसव्वुर उस रू–ए–आतिशी[8] का

ना इल्म–ए–फितरत[9] में तुम हो माहिर, ना ज़ौक–ए–ताअत[10] है तुम से ज़ाहिर
ये बेअसली बहुत बुरी है तुम्हें ना रखेगी ये कहीं का

* * *

1. रात की ठंडी हवा, 2. आकाश में बिखरी हुई, 3. ऊंचाई, 4. पूजा करने की इच्छा, 5. उंचाई, 6. चान्द और तारे, 7. हृदय की रौशनी, 8. तेजस्वी चेहरा, 9. प्राकृति की जानकारी, 10 पूजने की इच्छा।

نہ روحِ مذہب، نہ قلبِ عارف، نہ شاعرانہ زبان باقی
زمیں ہماری بدل گئی ہے، اگرچہ ہے آسمان باقی

شبِ گزشتہ کے ساز و ساماں کے اب کہاں ہیں نشان باقی
زبانِ شمعِ سحر پہ حسرت کی رہ گئی داستان باقی

جو ذکر آتا ہے آخرت کا، تو آپ ہوتے ہیں صاف منکر
خدا کی نسبت بھی دیکھتا ہوں، یقین رخصت، گمان باقی

فضول ہے ان کی بد دماغی کہاں ہے فریاد اب لبوں پر
یہ وار پر وار اب عبث ہیں، کہاں بدن میں ہے جان باقی

میں اپنے مٹنے کے غم میں نالاں، اُدھر زمانہ ہے شاد و خنداں
اشارہ کرتی ہے چشمِ دوراں جو آن باقی جہان باقی

اِسی لئے رہ گئی ہیں آنکھیں کہ میرے مٹنے کا رنگ دیکھیں
سنوں وہ باتیں جو ہوش اڑائیں، اسی لئے ہیں یہ کان باقی

تعجب آتا ہے طفلِ دل پر کہ ہو گیا مستِ نظمِ اکبر
ابھی مڈل پاس تک نہیں ہے، بہت سے ہیں امتحان باقی

ना रूह मज़हब, ना क़लब-ए-आरिफ़[1], ना शायराना ज़बान बाक़ी
ज़मीं हमारी बदल गई है, अगरचे है आसमान बाक़ी

शब-ए-गुज़िश्ता[2] के साज़-ओ-सामां के अब कहां हैं निशान बाक़ी
ज़बान-ए-शमा सहर पे हसरत की रह गई दास्तान बाक़ी

जो ज़िक्र है आख़रत[3] का, तो आप होते हैं साफ मुंकिर[4]
ख़ुदा की निस्बत भी देखता हूं, यक़ीन रूख़सत, गुमान बाक़ी

फ़िज़ूल है उनकी बददिमाग़ी कहां है फरयाद अब लबों पर
ये वार पर वार अब अबस[5] हैं, कहां बदन में है जान बाक़ी

मैं अपने मिटने के ग़म में नालां[6], उधर ज़माना है शाद-ओ-ख़न्दां
इशारा करती है चश्म-ए-दौरां[7] जो आन बाक़ी जहान बाक़ी

इसीलिए रह गई हैं आंखें की मेरे मिटने का रंग देखें
सुनूं वो बातें जो होश उड़ाएं इसीलिए हैं ये कान बाक़ी

ताअज्जुब आता है तिफ़्ल-ए-दिल[8] पर कि हो गया मस्त-ए-नज़्म 'अकबर'
अभी मिडिल पास तक नहीं है, बहुत से हैं इम्तेहान बाक़ी

* * *

1. ज्ञानी हृदय, 2. पिछली रात, 3. प्रलय, 4. नकारना, 5. बेकार, 6. दुखी, 7. समय की आंख, 8. हृदय का बचपना।

ترے سحرِ نظر سے ہوا یہ جنوں، مرے دل کی تو اس میں خطا ہی نہ تھی
ترے کوچے میں آ کے میں بیٹھ رہا بجز اِس کے کچھ اور دوا ہی نہ تھی

ہوئی طبع جو مائلِ دامِ بلا، میں تمہاری ہی زلفِ سیہ میں پھنسا
مرے دامنِ دل کو جو کھینچ سکے، کوئی اور تو ایسی بلا ہی نہ تھی

کیا صحبتِ غیر نے قہر و غضب، مجھے کوئی اُمّید رہی نہیں اب
دمِ چند کو مجھ سے ملے بھی جو کل، وہ نظر ہی نہ تھی وہ ادا ہی نہ تھی

نہ نبھی تو پھر اِس میں تھی کس کی خطا، یہ گلہ ہے مری ہی طرف سے بجا
مرے عشق کا رنگ تو خوب رہا، مگر آپ میں بوئے وفا ہی نہ تھی

میں وطن سے حزین و ملول پھرا، نہ وہ بزم ملی، نہ وہ یار ملے
گل و لالہ و سرو کا ذکر کجا، وہ چمن ہی نہ تھا وہ ہوا ہی نہ تھی

غمِ ہجر میں جی سے گیا جو گزر، تو یہ اکبرِ زار نے خوب کہا
کہ علاجِ فراق تو تھا ہی یہی، بجز اس کے کچھ [illegible] دوا ہی نہ تھی

तेरे सहर–ए–नज़र[1] से हुआ ये जुनूं[2] मेरे दिल की
तो इस में खता ही ना थी
तेरे कूचे में आके मैं बैठ रहा बजुज़[3] इसके कुछ
और दवा ही ना थी
हुई तबाअ[4] जो माचल दाम–ए–बला, मैं तुम्हारी
जुल्फ़–ए–सिपा में फंसा
मेरे दामन–ए–दिल को जो खेंच सके, कोई और
तो ऐसी बला ही ना थी
किया सोहबत–ए–ग़ैर[5] ने क़हर–ओ–ग़ज़ब, मुझे
कोई उम्मीद रही नहीं अब
दम–ए–चन्द को मुझसे मिले भी जो कल, वो
नज़र ही ना थी वो अदा ही ना थी
ना निभी तो फिर इसमें थी किसकी खता, ये गिला
है मेरी ही तरफ़ से बजा
मेरे इश्क़ का रंग तो खूब रहा, मगर आप में
बू–ए–वफ़ा[6] ही न थी
ग़म–ए–हिज्र[7] में जी से गया जो गुज़र, तो ये
'अकबर'–ए–ज़ार[8] ने खूब किया
कि इलाज–ए–फ़िराक़ तो था ही यही, बजुज़ इसके
कुछ और दुआ ही ना थी

* * *

1. निगाह का ज़ादू, 2. पागलपन, 3. अतिरिक्त, 4. स्वभाव, 5. दुश्मन से मिलन, 6. प्यार की खुश्बू, 7. दुखी व परेशान, 8. जुदाई का दुख, 9. दुखी, अकबर (कवि)।

شیخ نے ناقوس کے سُر میں جو خود ہی تان لی
پھر تو یاروں نے بھجن گانے کی کھل کر ٹھان لی

مدّتوں قائم رہیں گی اب دلوں میں گرمیاں
میں نے فوٹو لے لیا، اس نے نظارہ پہچان لی

رو رہے ہیں دوست میری لاش پر بے اختیار
یہ نہیں دریافت کرتے کس نے اس کی جان لی

میں تو انجن کی گلے بازی کا قائل ہو گیا
رہ گئے نغمے حدیٰ خوانوں کے، ایسی تان لی

حضرتِ اکبر کے استقلال کا ہوں معترف
تا بہ مرگ اس پر رہے قائم جو دل میں ٹھان لی

शेख़ ने नाक़ूस[1] के सुर में जो ख़ुद ही तान ली
फिर तो यारों ने भजन गाने की खुल कर ठान ली

मुद्दतों क़ायम रहेंगी अब दिलों में गर्मियां
मैंने फ़ोटो ले लिया, उसने नज़र पहचान ली

रो रहे हैं दोस्त मेरी लाश पर बेइख़्तियार
ये नहीं दरयाफ़्त करते किस ने इसकी जान ली

मैं तो इंजन की गले बाज़ी का क़ायल हो गया
रह गए नग़में हुदा-ख़ुवानों[2] के, ऐसी तान ली

हज़रत-ए-'अकबर' इसतक़लाल[3] का हूं मोतरिफ़[4]
ता-बमर्ग उस पर रहे क़ायम जो दिल में ठान ली

* * *

1. शंख, 2. संगीत गृह, 3. पक्कापन मज़बूती, 4. मानने वाला, 5. मरने तक।

نہ وہ بُت کدے کہیں رہ گئے، نہ وہ دلبری کو صنم رہے
نہ وہ دن رہے، نہ وہ ہم رہے، نہ وہ دل رہا، نہ وہ غم رہے

اب انہیں کے کوچہ کی دھوم ہے، نہیں کرتا ذکرِ ارم کوئی
انہیں ضد بھی تھی اسی بات کی کہ نہ ذکرِ باغِ ارم رہے

مری رندیوں کا ہے خاتمہ، نہ وہ مستیاں، نہ وہ ولولے
نہ مئے کہن کا رہا نشاں، نہ طریقِ محفلِ جم رہے

مجھے کیا اُمّید فروغ کی کہ بتوں کی تو ہے یہی خوشی
نہ یہ دل رہے، نہ زباں رہے، نہ خدا رہے، نہ حرم رہے

ना वो बुतकदे कहीं रह गए, ना वो दिलबरी को
सनम रहे
ना वो दिन रहे, ना वो हम रहे, ना वो दिल रहा,
ना वो ग़म रहे

अब उन्हीं के कूचे की धूम है, नहीं करता
ज़िक्र–ए–इरम[1] कोई
उन्हें ज़िद भी थी इसी बात की कि ना
ज़िक्र–ए–बाग़–ए–इरम रहे

मेरी रिन्दओं[2] का है खात्मा, ना वो मस्तियां ना वो वलवले
ना मय–ए–कोहन[3] का रहा निशां ना
तरीक़–ए–महफ़िल–ए–जम[4] रहे

मुझे क्या उम्मीद फ़रोग़[5] की कि बुतों की तो है यही खुशी
ना ये दिल रहे, ना ज़बां रहे, ना खुदा रहे, ना हरम[6] रहे

* * *

---

1. स्वर्ग, 2. शराब पीने की आदत, 3. पुरानी शराब,
4. जम नाम के बादशाह की सभी के तौर तरीक़े,
5. प्रकाश, 6. पूजा करने का स्थान।

کہاں وہ اب لطفِ باہمی ہے، محبتوں میں بہت کمی ہے
چلی ہے کیسی ہوا الٰہی کہ ہر طبیعت میں برہمی ہے

مری وفا میں ہے کیا تزلزل، مری اطاعت میں کیا کمی ہے
یہ کیوں نگاہیں پھری ہیں مجھ سے، مزاج میں کیوں یہ برہمی ہے

وہی ہے فضلِ خدا سے اب تک ترقیِ کارِ حسن و الفت
نہ وہ ہیں مشقِ ستم میں قاصر، نہ خونِ دل کی یہاں کمی ہے

نہ کوئی تکریم باہمی ہے، نہ پیار باقی ہے اب دلوں میں
یہ صرف تحریر میں 'ڈیر سر' ہے یا جنابِ مکرمی ہے

کہاں کے مسلم، کہاں کے ہندو، بھلائی ہیں سب نے اگلی رسمیں
عقیدے سب کے ہیں تین تیرہ، نہ گیارہویں ہے نہ اشٹمی ہے

نظر مری اور ہی طرف ہے، ہزار رنگِ زمانہ بدلے
ہزار باتیں بنائے ناصح، جمی ہے دل میں جو کچھ جمی ہے

اگرچہ میں رندِ محترم ہوں مگر اسے شیخ سے نہ پوچھو
کہ ان کے آگے تو اس زمانے میں ساری دنیا جہنمی ہے

कहां वो अब लुत्फ़-ए-बाहमी[1] है, मोहब्बतों में बहुत कमी है
चली है कैसी हवा इलाही कि हर तबियत में बरहमी[2] है

मेरी वफ़ा में है क्या तज़लज़ुल[3] मेरी इताअत[4] में क्या कमी है
ये क्यों निगाहें फिरी हैं मुझसे मिज़ाज में क्यों ये बरहमी है

वही है फ़ज़्ल-ए-ख़ुदा से अब तक तरक्की-ए-कार हुस्न-ओ-उलफ़त
ना वो हैं मश्क़-ए-सितम[5] में क़ासिर[6] ना रुक्न-ए-दिल की यहां कमी है

ना कोई तकरीम-ए-बाहमी[7] है ना प्यार बाक़ी है अब दिलों में
ये सिर्फ़ तहरीर में 'डियर सर' है या जनाब-ए-मुकर्रमी[8] है

कहां के मुस्लिम कहां के हिन्दू भुलाई हैं सबने अगली रस्में
अक़ीदे[9] सब के हैं तीन तेराह, ना ग्यारहवीं है ना अष्टमी है

नज़र मेरी और मेरी ही तरफ़ है हज़ार रंग-ए-ज़माना बदले
हज़ार बातें बनाए नासेह[10] जमी है दिल में जो कुछ जमी है

अगरचे मैं रिन्द-ए-मौहतरम[11] हूं मगर इसे शेख़ से ना पूछो
कि उनके आगे तो इस ज़माने में सारी दुनिया जहन्नुमी[12] में है

* * *

1. आपस में मिलने का मज़ा, 2. गुस्सा, क्रोध 3. लड़खड़ाहट, 4. उपासना, आराधना, 5. जुल्म की आदत, 6. अयोग्य, 7. एक दूसरे की इज़्ज़त करना, 8. आदरणीय, 9. विश्वास, 10. धर्मप्रचारक, 11. आदरणीय शराबी, 12. नर्क में जाने वाला।

مہوشوں کی مہربانی ہو چکی
چار دن کی چاندنی تھی ہو چکی

عاقبت کا اب خیال آنے لگا
شورشِ عہدِ جوانی ہو چکی

قوم کی مسجد میں کیجے جھاڑ پھونک
ہسپتالوں میں وہ اچھی ہو چکی

آج تم کرتے ہو ذکرِ انحطاط
مہمیں گزریں کہ دہلی ہو چکی

महविशों[1] की मेहरबानी हो चुकी
चार दिन की चांदनी थी हो चुकी

आक़बत[2] का अब ख्याल आने लगा
शोरीश–ए–अहद–ए–जवानी[3] हो चुकी

क़ौम की मस्जिद में कीजिए झाड़ फूंक
अस्पतालों में वो अच्छी हो चुकी

आज तुम करते हो ज़िक्र–ए–इनहितात[4]
मुद्दतें गुज़रीं कि देहली हो चुकी

* * *

1. सुन्दर स्त्रीयां, 2. अन्तिम समय, 3. जवानी की गर्मागर्मी, 4. पतन।

خیال دوڑا، نگاہ اٹھی، قلم نے لکھا، زبان بولی
مگر وہی دل کی الجھنیں ہیں، کسی نے اِس کی گرہ نہ کھولی

لطافتوں کے، نزاکتوں کے، عجیب مضمون ہیں چمن میں
صبا نے جھٹکا ہے اپنا دامن، مسک گئی ہے کلی کی چولی

خیال شاعر کا ہے نرالا، یہ کہہ گیا ایک کہنے والا
شباب کے ساتھ یوں ہے رِندی کہ جیسے پھاگن کے ساتھ ہولی

کہو یہ رندانِ ایشیا سے کہ بزمِ عشرت کے ٹھاٹھ بدلیں
اُڑن کھٹولا ہے اب مِسوں کا، گئی پری جان کی وہ ڈولی

ख्याल दौड़ा, निगाह उठी, क़लम ने लिखा, ज़बान बोली
मगर वही दिल की उलझनें हैं किसी ने इसकी गिरह ना खोली

लताफ़तों[1] के, नज़ाक़तों के, अजीब मज़बून[2] हैं चमन में
सबा ने झटका है अपना दामन, मस्क गई है कली की चोली

ख्याल शायर का है निराला, ये कह गया एक कहने वाला
शबाब के साथ यों है रिन्दी[3] कि जैसे फागुन के साथ होली

कहो ये रिन्दान–ए–एशिया[4] से कि बज़्म–ए–इश्रत के ठाट बदलें
उड़न खटोला है अब मिसों का गई परी जान की वो डोली

* * *

1. कोमलता, 2. विषय, 3. शराब पीने की आदत,
4. एशिया भर के शराबी।

خوشی کیا ہو جو میری بات وہ بُت مان جاتا ہے
مزا تو بے حد آتا ہے مگر ایمان جاتا ہے

بنوں کونسل میں اسپیکر تو رخصت قرأتِ مصری
کروں کیا، ممبری جاتی ہے یا قرآن جاتا ہے

زوالِ جاہ و دولت میں بس اتنی بات اچھی ہے
کہ دنیا میں بخوبی آدمی پہچان جاتا ہے

نئی تہذیب میں دقّت زیادہ تو نہیں ہوتی
مذاہب رہتے ہیں قائم فقط ایمان جاتا ہے

تھیٹر رات کو اور دن کو یاروں کی یہ اسپیچیں
دُہائی لاٹ صاحب کی، مرا ایمان جاتا ہے

جہاں دل میں یہ آئی کچھ کہوں وہ چل دیا اُٹھ کر
غضب ہے، فتنہ ہے، ظالم نظر پہچان جاتا ہے

چُناں بردند صبر از دل، کے قصّے یاد آتے ہیں
تڑپ جاتا ہوں یہ سُن کر کہ اب ایمان جاتا ہے

ख़ुशी क्या हो जो मेरी बात वो बुत मान जाता है
मज़ा तो बेहद आता है मगर ईमान जाता है

बनूं कौंसल में स्पीकर तो रूख़सत क़िरआत-ए-मिस्री[1]
करूं क्या, मेम्बरी जाती है या कुरआन जाता है

ज़वाल-ए-जाह-ओ-दौलत[2] में बस इतनी बात अच्छी है
कि दुनिया में बख़ूब आदमी पहचान जाता है

नई तहज़ीब में दिक़्क़त ज़्यादा तो नहीं होती
मज़ाहिब[3] रहते हैं क़ायम, फ़क़्त ईमान जाता है

थियेटर रात को और दिन को यारों की ये स्पीचें
दुहाई लाट साहब की मेरा ईमान जाता है

जहां दिल में ये आई कुछ कहूं वो चल दिया उठ कर
ग़ज़ब है फ़ितना है, ज़ालिम नज़र पहचान जाता है

चुनां बरदन्द सब्र आज़ दिल के किस्से याद आते हैं
तड़प जाता हूं ये सुनकर कि अब ईमान जाता है

* * *

1. मिस्र देश का वक्ता, 2. इज़्ज़त और दौलत का पतन,
3. विभिन्न धर्म।

یہ عمر کب تک وفا کرے گی، زمانہ کب تک جفا کرے گا
مجھے قیامت کی ہیں اُمیدیں، جو کچھ کرے گا خدا کرے گا

فلک جو برباد بھی کرے گا، بلند ارادے مرے رہیں گے
جو خاک ہوں گا تو خاک سے بھی سدا بگولا اُٹھا کرے گا

خدا کی پاکی پکارتا ہوں، ہوا کرے ناخوشی بُتوں کو
مری غرض کچھ نہیں کسی سے تو پھر مرا کوئی کیا کرے گا

جہانِ فانی کا حشر ہی کو خیال کر مستقل نتیجہ
یہاں تو پیہم یہی تردّد، یہی تغیّر ہوا کرے گا

اگرچہ ہے دردِ غم سے مضطر یہی ہے وردِ زبانِ اکبر
یہ درد جس نے دیا ہے ہم کو وہی ہماری دوا کرے گا

उम्र कब तक वफ़ा करेगी, ज़माना कब तक जफ़ा[1] करेगा
मुझे क़यामत की हैं उम्मीदें, जो कुछ करेगा ख़ुदा करेगा

फलक[2] जो बरबाद भी करेगा, बुलन्द इरादे मेरे रहेंगे
जो ख़ाक हूंगा तो ख़ाक से भी सदा बगूला उठा करेगा

ख़ुदा की पाकी[3] पुकारता हूं, हुआ करे नाख़ुशी बुतों को
मेरी ग़र्ज़ कुछ नहीं किसी से तो फिर मेरा कोई क्या करेगा

जहान–ए–फानी[4] का हश्र[5] ही को ख़्याल कर मुस्तक़िल नतीजा
यहां तो पैहम[6] यही तरदुद[7] यही तग़य्युर[8] हुआ करेगा

अगरचे है दर्द–ओ–ग़म से मुज़तर[9] यही है दर्द–ए–ज़बान–ए–'अकबर'
ये दर्द जिसने दिया है हमको वही हमारी दवा करेगा

* * *

1. जुल्म, 2. आकाश, 3. पवित्रता, 4. मिटने वाली दुनिया, 5. प्रलय का दिन, 6. आपस में, 7. चिंता, 8. परिवर्तन, 9. बेचैन।

حالِ دل میں سنا نہیں سکتا
لفظ معنیٰ کو پا نہیں سکتا

عشق نازک مزاج ہے بے حد
عقل کا بوجھ اُٹھا نہیں سکتا

ہوشِ عارف کی ہے یہی پہچان
کہ خودی میں سما نہیں سکتا

پونچھ سکتا ہے ہم نشیں آنسو
داغِ دل کو مٹا نہیں سکتا

مجھ کو حیرت ہے اُس کی قدرت پر
علم اُس کو گھٹا نہیں سکتا

हाल–ए–दिल मैं सुना नहीं सकता
लफ़्ज़ मायनी[1] को पा नहीं सकता

इश्क़ नाजुक मिज़ाज है बेहद
अक़्ल का बोझ उठा नहीं सकता

होश–ए–आरिफ़[2] की है यही पहचान
कि खुदी मैं समा नहीं सकता

पूंछ सकता है हमनशीं[3] आंसू
दाग़–ए–दिल के मिटा नहीं सकता

मुझको हैरत है उसकी क़ुदरत पर
इल्म[4] इसको घटा नहीं सकता

* * *

1. अर्थ, 2. ज्ञानी व्यक्ति का होश, 3. दोस्त, साथी,
4. ज्ञान।

سبزہ ہے، یا یہ آبِ زمرّد کی موج ہے
شبنم ہے، بحر یا گہرِ آب دار کا

مرغانِ باغ زمزمہ سنجی میں محو ہیں
اور ناچ ہو رہا ہے نسیمِ بہار کا

پرواز میں ہیں تیتریاں شاد و چست و مست
زیبِ بدن کئے ہوئے خلعت بہار کا

موجِ ہوا و زمزمۂ عندلیبِ مست
اک سازِ دلنواز ہے مضراب و تار کا

ابرِ تنک نے رونقِ موسم بڑھائی ہے
غازہ بنا ہے روئے عروسِ بہار کا

افسوس اس سماں میں بھی اکبرؔ اُداس ہے
سوہانِ روح ہجر ہے اک گل عذار کا

सबज़ा है या ये आब–ए–ज़मर्रूह[1] की मौज है
शबनम है बहर या गोहर–ए–आबदार[2] का

मुरग़ान–ए–बाग़ ज़मज़मा संजी में महव[3] हैं
और नाच हो रहा है नसीम–ए–बहार का

परवाज़ में हैं तितलियां शाद–ओ–चुस्त–ओ–मस्त
ज़ेब–ए–बदन[4] किए हुए खिलअत[5] बहार का

मौज–ए–हवाओं ज़मज़मा–ए–अन्दलीब[6]–ए–मस्त
इक साज़–ए–दिलनवाज़ है मिज़राब[7]–ओ–तार का

अब्र[8]–ए–तन्क ने रौनक–ए–मौसम बढ़ाई है
ग़ाज़ा[9] बना है रू–ए–उरूस–ए–बहार का

अफ़सोस इस समां में भी 'अकबर' उदास है
सोहान–ए–रूह[10] हिज्र है इक गुलअज़ार का

* * *

---

1. हरे रंग का पानी, 2. चमकीला मोती, 3. गुम 4. तन पर सजाए, 5. सुन्दर वस्त्र, 6. बुलबुल, 7. तारों वाला बाजा बजाने का यन्त्र, 8. बादल, 9. लालिमा, 10. आत्मा का कष्ट।

جہاں میں حال مرا اس قدر زبون ہوا
کہ مجھ کو دیکھ کے بسمل کو بھی سکون ہوا

عزیب دل نے بہت آرزوئیں پیدا کیں
مگر نصیب کا لکھا کہ سب کا خون ہوا

وہ اپنے حسن سے واقف میں اپنی عقل سے سیر
انہوں نے ہوش سنبھالا مجھے جنون ہوا

اُمید چشمِ مروّت کہاں رہی باقی
ذریعہ باتوں کا جب صرف ٹیلی فون ہوا

نگاہِ گرم کرسمس میں بھی رہی ہم پر
ہمارے حق میں دسمبر بھی ماہ جون ہوا

जहां में हाल मेरा इस क़दर ज़बून[1] हुआ
कि मुझको देख के बिस्मिल को भी सुकून हुआ

ग़रीब दिल ने बहुत आरज़ूएँ पैदा कीं
मगर नसीब का लिखा कि सबका ख़ून हुआ

वो अपने हुस्न से वाक़िफ़ मैं अपनी अक़्ल से सेर
उन्होंने होश सम्भाला मुझे जुनून[2] हुआ

उम्मीद चश्म–ए–मुरव्वत कहां रही बाक़ी
ज़रिया[3] बातों का जब सिर्फ़ टेलीफ़ोन हुआ

निगाह–ए–गर्म क्रिस्मस में भी रही हम पर
हमारे हक़ में दिसम्बर भी माह जून हुआ

* * *

1. निकृष्ट, 2. पागलपन, 3. साधन।

ہم کیوں یہ مبتلائے بے تابیٔ نظر ہیں
تسکینِ دل کی یارب وہ صورتیں کدھر ہیں

ذرّے جو گل بنے تھے وہ بن گئے بگولے
جو زینتِ چمن تھے وہ خاکِ رہگذر ہیں

دنیا کی کیا حقیقت اور ہم سے کیا تعلق
وہ کیا ہے اک جھلک ہے ہم کیا ہیں اک نظر ہیں

ہم نے سنا بہت کچھ حالِ جہانِ فانی
افسانہ گو غضب ہیں، قصّے تو مختصر ہیں

غم خانۂ جہاں میں وقعت ہی کیا ہماری
اک ناشنیدہ اُف ہیں، اک آہِ بے اثر ہیں

کیا مشرقی کفن بھی وہ ترک کر سکیں گے
اوضاعِ مغربی میں جو غرق سر بسر ہیں

اکبر کے شعر سن کر کہتے ہیں اہلِ باطن
اب بھی خدا کے بندے کچھ صاحبِ اثر ہیں

हम क्यों ये मुबतला-ए-बेताबी-ए-नज़र[1] हैं
तिस्कीन-ए-दिल की या रब वो सूरतें किधर हैं

ज़र्रे[2] जो गुल बने थे वो बन गए बगुले
जो ज़ीनत-ए-चमन थे वो ख़ाक-ए-रह गुज़र हैं

दुनिया की क्या हक़ीक़त और हमसे क्या ताअल्लुक़
वो क्या है इक झलक है हम क्या हैं इक नज़र हैं

हमने सुना बहुत कुछ हाल-ए-जहान-ए-फ़ानी[3]
अफ़साना गो ग़ज़ब हैं क़िस्से तो मुख़्तसर[4] हैं

ग़मख़ाना-ए-जहां[5] में वक़अत[6] ही क्या हमारी
इक नाशुनीदा[7] उफ़ हैं इक आह-ए-बेअसर हैं

क्या मशरिक़ी कफ़न भी वो तर्क कर सकेंगे
औज़ार-ए-मग़रबी[8] में जो ग़र्क सरबसर हैं

'अकबर' के शे'र सुनकर कहते हैं अहल-ए-बातिन[9]
अब भी ख़ुदा के बन्दे कुछ साहिब-ए-असर हैं

* * *

1. निगाह की बेचैनी में उलझे हुए, 2. कण, 3. मिटने वाली दुनिया का तल, 4. संक्षिप्त, 5. दुख देने वाला संसार, 6. हैसियत, 7. ना सुनी हुई, 8. पश्चमी शरीर, 9. अन्धेरे में रहने वाले।

دنیا میں ہوں، دنیا کا طلب گار نہیں ہوں
بازار سے گزرا ہوں، خریدار نہیں ہوں

زندہ ہوں، مگر زیست کی لذّت نہیں باقی
ہر چند کہ ہوں ہوش میں، ہشیار نہیں ہوں

اس خانۂ ہستی سے گزر جاؤں گا بے لوث
سایہ ہوں فقط، نقش بہ دیوار نہیں ہوں

افسردہ ہوں عبرت سے، دوا کی نہیں حاجت
غم کا مجھے یہ ضعف ہے، بیمار نہیں ہوں

وہ گُل ہوں، خزاں نے جسے برباد کیا ہے
اُلجھوں کسی دامن سے، میں وہ خار نہیں ہوں

یارب مجھے محفوظ رکھ اُس بت کے ستم سے
میں اس کی عنایت کا طلب گار نہیں ہوں

افسردگی و ضعف کی کچھ حد نہیں اکبر
کافر کے مقابل میں بھی دیں دار نہیں ہوں

दुनिया में हूं, दुनिया का तलबगार नहीं हूं
बाज़ार से गुज़रा हूं, ख़रीदार नहीं हूं

ज़िन्दा हूं मगर ज़ीस्त[1] की लज़्ज़त नहीं बाक़ी
हर चन्द कि हूं होश में होशियार नहीं हूं

इस ख़ाना-ए-हस्ती से गुज़र जाऊंगा बेलौस[2]
साया हूं फ़क़्त नक़्श बे-दीवार नहीं हूं

अफ़सुर्दा[3] हूं इबरत से, दवा की नहीं हाजित
ग़म का मुझे ये ज़ोअफ़[4] है, बीमार नहीं हूं

वो गुल हूं ख़िज़ां ने जिसे बरबाद किया है
उलझूं किसी दामन से मैं वो ख़ार नहीं हूं

यारब मुझे महफ़ूज़ रख उस बुत के सितम से
मैं उसकी इनायत का तलबगार नहीं हूं

अफ़सुर्दगी-ओ-ज़ोफ़ की कुछ हद नहीं 'अकबर'
काफ़िर के मुक़ाबिल में भी दींदार[5] नहीं हूं

* * *

---

1. जीवन, 2. लाभ की आशा किए बिना, 3. दुखी, 4. कमज़ोरी, 5. धर्म को मानने वाला।

٩١

چرخ سے کچھ امید تھی ہی نہیں
آرزو میں نے کوئی کی ہی نہیں

چاہتا تھا بہت سی باتوں کو
مگر افسوس اب وہ جی ہی نہیں

جرأتِ عرضِ حال کیا ہوتی
نظرِ لطف اُس نے کی ہی نہیں

اس مصیبت میں دل سے کیا کہتا
کوئی ایسی مثال تھی ہی نہیں

آپ کیا جانیں قدرِ "یا اللہ"
جب مصیبت کوئی پڑی ہی نہیں

شرک چھوڑا تو سب نے چھوڑ دیا
میری کوئی سوسائٹی ہی نہیں

پوچھا "اکبر ہے آدمی کیسا ؟"
ہنس کے بولے "وہ آدمی ہی نہیں"

चर्वी से कुछ उम्मीद थी ही नहीं
आरज़ू मैंने कोई की ही नहीं

चाहता था बहुत सी बातों को
मगर अफ़सोस अब वो जी ही नहीं

जुर्रत–ए–अर्ज़–ए–हाल[2] क्या होती
नज़र–ए–लुत्फ़[3] उस ने की ही नहीं

इस मुसीबत में दिल से क्या कहता
कोई ऐसी मिसाल थी ही नहीं

आप क्या जानें क़द्रे–ए–''या अल्लाह''
जब मुसीबत कोई पड़ी ही नहीं

शिर्क[4] छोड़ा तो सबने छोड़ दिया
मेरी कोई सोसायटी ही नहीं

पूछो 'अकबर' है आदमी कैसा?
हंस के बोले वो आदमी ही नहीं

* * *

---

1. आकाश, 2. अपनी व्यथा कहने की हिम्मत, 3. कृपादृष्टि
4. अधर्मीपन।

درد تو موجود ہے دل میں، دوا ہو یا نہ ہو
بندگی حالت سے ظاہر ہے، خدا ہو یا نہ ہو

جھومتی ہے شاخِ گُل، کھلتے ہیں غنچے دمبدم
با اثر گلشن میں تحریکِ صبا ہو یا نہ ہو

وجد میں لاتے ہیں مجھ کو بُلبلوں کے زمزمے
آپ کے نزدیک با معنیٰ صدا ہو یا نہ ہو

کر دیا ہے زندگی نے بزمِ ہستی میں شریک
اِس کا کچھ مقصود، کوئی مدعا ہو یا نہ ہو

کیوں سِوِل سرجن کا آنا روکتا ہے ہم نشیں
اس میں ہے اک بات آنر کی شفا ہو یا نہ ہو

مولوی صاحب نہ چھوڑیں گے، خدا گو بخش دے
گھیر ہی لیں گے پولیس والے، سزا ہو یا نہ ہو

ممبری سے آپ پر تو وارنش ہو جائے گی
قوم کی حالت میں کچھ اس سے جِلا ہو یا نہ ہو

दर्द तो मौजूद है दिल में, दवा हो या ना हो
बन्दगी हालत से ज़ाहिर है, खुदा हो या ना हो

झूमती है शाख–ए–गुल, खिलते हैं गुन्चे दमबदम[1]
बा असर गुलशन में तहरीक–ए–सबा[2] हो या ना हो

वज्द[3] में लाते हैं मुझको बुलबुलों के ज़मज़मे
आपके नज़दीक बामायना सदा हो या ना हो

कर दिया है ज़िन्दगी ने बज़्म–ए–हस्ती में शरीक
इसका कुछ मक़सद, कोई मुद्दआ हो या ना हो

क्यों सिविल सर्जन का आना रोकता है हमनशीं
इसमें है इक बात आनर की शिफ़ा[4] हो या ना हो

मौलवी साहब ना छोड़ेंगे खुदा गो बख्श दे
घेर ही लेंगे पुलिस वाले सज़ा हो या ना हो

मेम्बरी से आप पर तो वार्निश हो जायेगी
क़ौम की हालत में कुछ इससे जिला[5] हो या ना हो

* * *

1. क्षण क्षण में, 2. हवा, 3. मस्ती, 4. स्वास्थ्य, 5. जीवन।

امید ٹوٹی ہوئی ہے میری جو دل مرا تھا وہ مر چکا ہے
جو زندگانی کو تلخ کر دے، وہ وقت مجھ پر گزر چکا ہے

اگرچہ سینے میں سانس بھی ہے، نہیں طبیعت میں جان باقی
اجل کو ہے دیر اک نظر کی، فلک تو کام اپنا کر چکا ہے

غریب خانے کی یہ اُداسی، یہ نادرستی نہیں قدیمی
چہل پہل بھی کبھی یہاں تھی کبھی یہ گھر بھی سنور چکا ہے

یہ سینہ جس میں یہ داغ ہیں اب، مسرتوں کا کبھی تھا مخزن
وہ دل جو ارمان سے بھرا تھا خوشی سے اس میں ٹھہر چکا ہے

غریب اکبرؔ کے گرد کیوں ہیں، جناب واعظ سے کوئی کہہ دے
اُسے ڈراتے ہو موت سے کیا، وہ زندگی ہی سے ڈر چکا ہے

उम्मीद टूटी हुई है मेरी जो दिल मेरा था वो मर चुका है
जो ज़िन्दगानी को तल्ख़[1] कर दे, वो वक़्त मुझ पर गुज़र चुका है

अगरचे सीने में सांस भी है, नहीं तबियत में जान बाकी
अजल[2] को है देर इक नज़र की, फ़लक तो काम अपना कर चुका है

ग़रीब ख़ाने की ये उदासी, ये नादुरस्ती नहीं क़दीमी[3]
चहल पहल भी कभी यहां थी कभी ये घर भी संवर चुका है

ये सीना जिसमें ये दाग़ हैं अब, मुसर्रतों का कभी था मख़ज़न[4]
वो दिल जो अरमान से भरा था ख़ुशी से इसमें ठहर चुका है

ग़रीब 'अकबर' के गिर्द[5] क्यों हैं, जनाब-ए-वाईज़[6] से कोई कह दे
उसे डराते हो मौत से क्या, वो ज़िन्दगी ही से डर चुका है

* * *

1. कड़वाहट, 2. मौत, 3. पुराने, 4. गोदाम, 5. आसपास,
6. धर्म प्रचारक

صدیوں فلاسفی کی چناں اور چنیں رہی
لیکن خدا کی بات جہاں تھی وہیں رہی

زور آزمائیاں ہوئیں سائنس کی بھی خوب
طاقت بڑھی کسی کی، کسی میں نہیں رہی

دنیا کبھی نہ صلح پہ مائل ہوئی مگر
باہم ہمیشہ برسرِ پیکار و کیں رہی

پایا اگر فروغ تو صرف ان نفوس نے
جن کی کہ خضرِ راہ فقط شمعِ دیں رہی

اللہ ہی کی یاد بہر حال خلق میں
وجہِ سکونِ خاطرِ اندوہ گیں رہی

सदियों फ़लासिफ़ी की चुनां और चुनीं रही
लेकिन खुदा की बात जहां थी वहीं रही

ज़ोर आज़माईयां हुईं साईंस की भी खूब
ताक़त बढ़ी किसी की, किसी में नहीं रही

दुनिया कभी ना सुलह पे माईल हुई मगर
बाहम[1] हमेशा बरसर–ए–पैकार–ओ–कीं रही

पाया अगर फ़रोग़ तो सिर्फ़ उन नफ़ूस ने
जिनकी कि रिवज़्र–ए–राह[2] फ़क़त शम्म–ए–दीं[3] रही

अल्लाह ही की याद बहरहाल खल्क़[4] में
वजह सकून–ए–खातिर–ए–अन्दोहगीं रही

* * *

---

1. आपस में, 2. रास्ता बताने वाला, 3. धर्म की रौशनी,
4. प्राणीवर्ग

اس بزم میں کیا آثار ملے ہنگام سحر ساما نوں کے
اک داغ تھا شمع مردہ کا کچھ پر تھے پڑے پروانوں کے

ہستی کی یہ لہریں دامِ نظر دم بھر میں نشاں ان کا، نہ اثر
گردابِ فنا میں غرق ہیں سب، دریا ہیں رواں افسانوں کے

دلِ لذتِ نفس کا گرویدہ، دنیا کی حقیقت پوشیدہ
اُمڈے ہیں فریب اُمیدوں کے، طوفاں ہیں بپا ارمانوں کے

ہر گام پہ ہیں قبروں کے نشاں، ہر سمت ہے اک عبرت کا سماں
اُجڑا ہے محل آبادی کا، آباد ہیں گھر ویرانوں کے

دولت میں جو شرطِ عصیاں ہو بہتر ہے کہ قانع انساں ہو
غالب جو نہ ہوں شیطانوں پر تابع نہ ہوں وہ شیطانوں کے

یہ مدعیِ اسلام تو ہیں، ساتھی ہیں مگر بیگانوں کے
تقوے کی وہ بو بھی ان میں نہیں، وہ رنگ نہیں ایمانوں کے

تھی عقل، زباں پر اے اکبر اور عشق پہ رکھی ہم نے نظر
ممتاز رہے ہشیاروں میں، سرخیل رہے دیوانوں کے

इस बज़्म में क्या आसार मिले हंगाम-ए-सहर सामानों के
इक दाग़ था शम्मा-ए-मुरदां का कुछ परथे पड़े परवानों के

हस्ती की ये लहरें दाम-ए-नज़र दम भर में निशां उनका ना असर
गिरदाब-ए-फना[1] में ग़र्क़ हैं सब, दरिया हैं ख़्वां अफ़सानों के

दिल-ए-लज़्ज़त नफ़्त का गरवीदा[2] दुनिया की हक़ीक़त पोशीदा[3]
उमड़े हैं फ़रेब[4] उम्मीदों के तूफ़ां हैं बपा[5] अरमानों के

हर गाम पे हैं कबरों के निशां हर सिम्त है इक इबरत का समां
उजड़ा है महल आबादी का आबाद हैं घर वीरानों के

दौलत में जो शर्त-ए-अस्यां हो, बेहतर है कि काना-ए-इन्सां हो
ग़ालिब जो ना हों शैतानों पर ताब[6] ना हों वो शैतानों के

ये मुद्दई-ए-इस्लाम[7] तो हैं साथी है मगर बेगानों के
तक़्वे[8] की वो बू ही इनमें नहीं, वो रंग नहीं ईमानों के

थी अक़्ल ज़बां पर ऐ 'अकबर' और इश्क पे रखी हमने नज़र
मुम्ताज़ रहे होशियारों में सरख़ील[9] रहे दीवानों के

* * *

1. मिटा देने वाला तूफ़ान, 2. चाहने वाला, 3. छुपी हुई, 4. धोखा, 5. चारों ओर फैले हुए, 6. गुलाम, 7. इसलाम धर्म का मानने वाला, 8. संयम, 9. मुखिया, अधिपति।

ہر قدم کہتا ہے تو آیا ہے جانے کے لئے
منزلِ ہستی نہیں ہے دل لگانے کے لئے

کیا مجھے خوش آئے یہ حیرت سرائے بے ثبات
ہوش اڑنے کے لئے ہے، جان جانے کے لئے

خوب اُمیدیں بندھیں لیکن ہوئیں حرماں نصیب
بدلیاں اٹھیں مگر بجلی گرانے کے لئے

جب کہا میں نے بھُلا دو غیر کو، ہنس کر کہا
یاد پھر مجھ کو دلانا بھول جانے کے لئے

دیدہ بازی وہ کہاں، آنکھیں رہا کرتی ہیں بند
جان ہی باقی نہیں اب دل لگانے کے لئے

مجھ کو خوش آئی ہے مستی، شیخ جی کو فربہی
میں ہوں پینے کیلئے اور وہ ہیں کھانے کے لئے

سُر کہاں کے ساز کیسا، کیسی بزمِ سامعین
جوشِ دل کافی ہے اکبر تان اُڑانے کے لئے

हर क़दम कहता है तू आया है जाने के लिए
मंज़िल–ए–हस्ती[1] नहीं है दिल लगाने के लिए

क्या मुझे खुश आए ये हैरत सराए बे–सबात[2]
होश उड़ने के लिए है, जान जाने के लिए

खूब उम्मीदें बंधीं लेकिन हुयीं हिरमां[3] नसीब
बदलियां उठीं मगर बिजली गिराने के लिए

जब कहा मैंने भूला दो ग़ैर को हंस कर कहा
याद फिर मुझको दिलाना भूल जाने के लिए

दीदा–बाज़ी[4] वो कहां, आंखें रहा करती हैं बन्द
जान ही बाक़ी नहीं अब दिल लगाने के लिए

मुझको खुश आई है मस्ती, शेख जी को फ़रबही[5]
मैं हूं पीने के लिए और वो हैं खाने के लिए

सुर कहां के साज़ कैसा, कैसी बज़्म–ए–सामईन[6]
जोश–ए–दिल काफ़ी है 'अकबर' तान उड़ाने के लिए

* * *

1. जीवन का केन्द्र, 2. मिटने वाली, समाप्त होने वाली, 3. निराश, 4. आंखमिचौली, 5. मोटापा, 6. सुनने वालों की सभा।

فغان و آہ کی لذّت، جو دل ملے تو ملے
نشانِ نکہت گل جب کلی کھلے تو ملے

وہ باغِ حسن ہیں لیکن ہے بستہ غنچہ لب
مزا چمن کا اگر یہ کلی کھلے تو ملے

کہی جو صبح تو اب احتیاط یہ کیسی
ملاقات کو منہ کیجئے، ملے تو ملے

میں شکوہ کرتا تھا اس وجہ سے نہ ملتے تھے
جو ترک کر دئے میں نے وہ سب گلے، تو ملے

کھلا رہا ہے تو زخموں کو اپنے آپ اکبر
مزے کا لطف کوئی زخم اگر چھلے، تو ملے

फ़ुग़ान–ओ–आह[1] की लज़्ज़त, जो दिल मिले तो मिले
निशान–ए–निकहत–ए–गुल[2] जब कली खिले तो मिले

वो बाग़–ए–हुस्न है लेकिन है बन्द गुन्चा–ए–लब[3]
मज़ा चमन का अगर ये कली खिले तो मिले

हुई जो सुलह[4] तो अब एहतियात ये कैसी
तकल्लुफ़ात को तह कीजिए, मिले तो मिले

मैं शिकवा[5] करता था, इस वजह से ना मिलते थे
जो तर्क[6] कर दिए मैंने वो सब गिले तो मिले

खुजा रहा है तू ज़ख्मों को अपने ऐ 'अकबर'
पर इसका लुत्फ़ कोई ज़ख्म अगर छिले तो मिले

* * *

---

1. दुख और तकलीफ, 2. फूलों की ख़ुश्बू, 3. फूल के होंठ
4. मिलाप, 5. शिकायत, 6. छोड़ना।

اس انجمن میں آکر راحت نصیب کس کو
پروانہ بھی جلے گا اور شمع بھی جلے گی

دُنیا اُبھارتی ہے آج اپنے عاشقوں کو
مرجائیں گے تو ان کا کل نام بھی نہ لے گی

دُنیا کی آرزو سے خالق بچائے دل کو
پیدا ہوئی تو پی کر خونِ جگر پلے گی

عبرت زدہ جو دل ہو ارمان اس میں کیسے
بجلی گری ہو جس پر وہ شاخ کیا پھلے گی

جنت بنا سکے گا ہرگز کوئی نہ اس کو
دنیا یونہی چلی ہے اکبرؔ یونہی چلے گی

इस अन्जुमन में आकर राहत नसीब किसको
परवाना भी जलेगा और शम्मा भी जलेगी

दुनिया उभारती है आज अपने आशिक़ों को
मर जायेंगे तो उनका कल नाम भी ना लेगी

दुनिया की आरज़ू से ख़ालिक़[1] बचाए दिल को
पैदा हुई तो पी कर ख़ून–ए–जिगर पलेगी

इबरतज़दा जो दिल हो अरमान उसमें कैसे
बिजली गिरी हो जिस पर वो शाख़ क्या फलेगी

जन्नत बना सकेगा हरगिज़ ना कोई इसको
दुनिया यूं ही चली है 'अकबर' यूं ही चलेगी

* * *

1. ईश्वर।

غفلتوں کا خوب دیکھا ہے تماشا دہر میں
مدّتیں گزری ہیں مجھ کو ہوش میں آئے ہوئے

خانۂ دل کو مرے توڑا تو کیا ایسی نمود
چشمِ بد دور آپ تو ہیں مسجدیں ڈھائے ہوئے

سیٹھ صاحب کے یہاں شادی ہے رندوں کو نوید
اچھے اچھے طائفے ہیں شہر میں آئے ہوئے

بائی جی نے سچ کہا ہے لاؤ کوئی تازہ غزل
گیت کیا گاؤں گراموفون میں گائے ہوئے

ہو چکی دو دن کی شادابی اُڑا رنگِ بہار
پھول ہیں سوکھے ہوئے غنچے ہیں مرجھائے ہوئے

ग़फ़लतों[1] का ख़ूब देखा है तमाशा दहर में
मुद्दतें गुज़री हैं मुझको होश में आए हुए

ख़ाना-ए-दिल को मेरे तोड़ा तो क्या ऐसी नमूद[2]
चश्म-ए-बद्दूर आप तो हैं मस्जिदें ढाए हुए

सेठ साहब के यहां शादी है रिन्दों को नवेद[3]
अच्छे अच्छे तायफ़े हैं शहर में आए हुए

बाई जी ने सच कहा है लाओ कोई ताज़ा ग़ज़ल
गीत क्या गाऊं ग्रामोफ़ोन में गाए हुए

हो चुकी दो दिन की शादाबी[4] उड़ा रंग-ए-बहार
फूल हैं सूखे हुए, गुन्चे हैं मुरझाए हुए

* * *

---

1. लापरवाहियां, 2. प्रकटज, 3. दावत का बुलावा,
4. यौवन।

دنیا کا ذرا یہ رنگ تو دیکھ ایک ایک کو کھائے جاتا ہے
بن بن کے بگڑتا جاتا ہے اور بات بنائے جاتا ہے

انساں کی غفلت کم نہ ہوئی قانونِ فنا کی عبرت سے
ہر گام پہ کتنے پاؤں بھی ہیں اور سر بھی اُٹھائے جاتا ہے

اس کو نہ خبر کچھ اس کی ہے اس کو ہے نہ کچھ پروا اسکی
روتا ہے رُلائے جاتا ہے، ہنستا ہے ہنسائے جاتا ہے

کچھ سوچ نہیں، کچھ ہوش نہیں، فتنوں کے سوا کچھ جوش نہیں
وہ لُوٹ کے بھاگا جاتا ہے، یہ آگ لگائے جاتا ہے

दुनिया का ज़रा रंग तो देख, एक एक को खाए जाता है
बन बन के बिगड़ता जाता है और बात बनाए जाता है

इन्सान की ग़फ़लत[1] कम ना हुई क़ानून-ए-फ़ना[2] की इबरत से
हर गाम पे कितने पांव भी हैं और सर भी उठाए जाता है

उसको ना खबर कुछ इस की है इस को है ना कुछ परवाह इसकी
रोता है रूलाए जाता है, हंस्ता है हंसाए जाता है

कुछ सोच नहीं, कुछ होश नहीं, फ़ितनों[3] के सिवा कुछ जोश नहीं
वो लूट के भागा जाता है ये आग लगाए जाता है

* * *

---

1. लापरवाही, 2. मृत्यु दण्ड का क़ानून, 3. झगड़ों।

کہیں دل ہوں کہیں میں باعثِ بے تابیِ دل ہوں
کہیں اندازِ بسمل ہوں، کہیں میں نازِ قاتل ہوں

کہیں تمکینِ خوبی ہوں کہیں ہنگامۂ اُلفت
کہیں رنگِ رخِ گل ہوں کہیں شورِ عنادل ہوں

کہیں جلوہ ہوں صحت کا کہیں ہوں شاہدِ معنی
کہیں ہوں محملِ لیلیٰ، کہیں لیلائے محمل ہوں

کہیں ہوں ولولہ دل کا، کہیں ہوں ضبط عاقل کا
روانی میں کہیں دریا، کہیں رُکنے میں ساحل ہوں

कहीं दिल हूं, कहीं मैं बाइस–ए–बेताबी–ए–दिल[1] हूं
कहीं अन्दाज़ बिस्मिल हूं कहीं मैं नाज़–ए–क़ातिल हूं

कहीं तमकीन–ए–ख़ूबी हूं कहीं हंगामा–ए–उलफ़त
कहीं रंग–ए–रूख़–ए–गुल हूं कहीं शोर–ए–अनादिल[2] हूं

कहीं जलवा हूं सेहत का, कहीं हूं शाहिद–ए–मानी
कहीं हूं महमिल–ए–लैला[3], कहीं लैला–ए–महमिल हूं

कहीं हूं वलवला दिल का कहीं हूं ज़ब्त आक़िल का
रवानी में कहीं दरिया, कहीं रूकने में साहिल[4] हूं

✹ ✹ ✹

---

1. दिल की बेचैनी का कारण, 2. शत्रुओं की आवाज़,
3. लेला की पालकी, 4. समुद्र तट।

پھر گئی آپ کی دو دن میں طبیعت کیسی
یہ وفا کیسی تھی صاحب! یہ مروّت کیسی

دوست احباب سے ہنس بول کے کٹ جائے گی رات
رندِ آزاد ہیں، ہم کو شبِ فرقت کیسی

جس حسیں سے ہوئی اُلفت وہی معشوق اپنا
عشق کس چیز کو کہتے ہیں طبیعت کیسی

ہے جو قسمت میں وہی ہوگا، نہ کچھ کم، نہ سوا
آرزو کہتے ہیں کس چیز کو حسرت کیسی

حال کھُلتا نہیں کچھ دل کے دھڑکنے کا مجھے
آج رہ رہ کے بھر آتی ہے طبیعت کیسی

کوچۂ یار میں جاتا تو نظارہ کرتا
قیس آوارہ ہے جنگل میں یہ وحشت کیسی

फिर गई आपकी दो दिन में तबियत कैसी
ये वफ़ा केसी थी साहब ये मुरव्वत कैसी

दोस्त अहबाब[1] से हंस बोल के कट जायेगी रात
रिन्द–ए–आज़ाद[2] हैं, हम को शब–ए–फुरक़त[3] कैसी

जिस हसीं से हुई उलफ़त वो ही माशूक़ अपना
इश्क़ किस चीज़ को कहते हैं, तबियत कैसी

है जो क़िस्मत में वही होगा, ना कुछ कम ना सिवा[4]
आरज़ू कहते हैं किस चीज़ को हसरत कैसी

हाल खुलता नहीं कुछ दिल के धड़कने का मुझे
आज रह रह के भर आती है तबियत कैसी

कूचा–ए–यार में जाता तो नज़ारा करता
क़ैस[5] आवारा है जंगल में ये वहशत कैसी

* * *

1. मित्र, 2. स्वतंत्र शराबी, 3. जुदाई की रात, 4. अधिक
5. मजनूं।

محروم ہی رہ جاتی ہے آغوشِ تمنّا
شرم آ کے چُرا لیتی ہے سارا بدن اُن کا

ہر بات میں وہ چال کیا کرتے ہیں مجھ سے
اُلفت نہ نبھے گی جو یہی ہے چلن اُن کا

ہے صاف نگاہوں سے عیاں جوششِ جوانی
آنکھوں سے سنبھلتا نہیں مستانہ پن اُن کا

یہ شرم کے معنی ہیں، حیا کہتے ہیں اِس کو
آغوشِ تصوّر میں نہ آیا بدن اُن کا

دلچسپ ہے، آفت ہے، قیامت ہے، غضب ہے
بات اُن کی، ادا اُن کی، قد اُن کا، چلن اُن کا

महरूम[1] ही रह जाती है आग़ोश–ए–तमन्ना
शर्म आ के चुरा लेती है सारा बदन उनका

हर बात में वो चाल किया करते थे मुझसे
उलफ़त ना निभेगी जो यही है चलन उनका

है साफ़ निगाहों से अयां[2] जोश–ए–जवानी
आंखों से सम्भलता नहीं मस्तानापन उनका

ये शर्म के मायनी हैं हया कहते हैं इसको
आग़ोश–ए–तसव्वुर[3] में ना आया बदन उनका

दिलचस्प है आफ़त है क़यामत है ग़ज़ब है
बात उनकी अदा उनकी क़द उनका चलन उनका

* * *

1. वंचित, 2. प्रकट होना, 3. कल्पना की गोद।

یہ سُست ہے تو پھر کیا، وہ تیز ہے تو پھر کیا
نیٹو جو ہے تو پھر کیا، انگریز ہے تو پھر کیا

رہنا کسی سے دب کر ہے امن کو ضروری
پھر کوئی فرقہ ہیبت انگیز ہے تو پھر کیا

رنج و خوشی کی سب میں تقسیم ہے مناسب
بابو جو ہے تو پھر کیا، چنگیز ہے تو پھر کیا

ہر رنگ میں ہیں پاتے بندے خدا کے روزی
ہے پینٹر تو پھر کیا، رنگریز ہے تو پھر کیا

جیسی جسے ضرورت، ویسی ہی اس کی چیزیں
یاں تخت ہے تو پھر کیا واں میز ہے تو پھر کیا

مفقود ہیں اب اس کے سُننے سمجھنے والے
میرا سخن نصیحت آمیز ہے تو پھر کیا

ये सुस्त है तो फिर क्या, वो तेज़ है तो फिर क्या
नीटू जो है तो फिर क्या, अंग्रेज़ है तो फिर क्या

रहना है किसी से दब कर है अमन को ज़रूरी
फिर कोई फ़िरक़ा हैबत-अंगेज़[1] है तो फिर क्या

रंज-ओ-खुशी की सब में तक़सीम है मुनासिब
बाबू जो है तो फिर क्या, चंगेज़ है तो फिर क्या

हर रंग में हैं पाते बन्दे खुदा के रोज़ी
है पैन्टर तो फिर क्या रंगरेज़ है तो फिर क्या

जैसी जिसे ज़रूरत, वैसी ही उसकी चीज़ें
यां तख्त है तो फिर क्या, वां मेज़ है तो फिर क्या

मफ़क़ूद[2] हैं अब उसके सुनने समझने वाले
मेरा सुखन[3] नसीहत-आमेज़[4] है तो फिर क्या

* * *

1. भयकारक 2. अप्राप्त, 3. कथन, 4. उपदेशात्मक।

خوشی بہت ہے جہاں میں ہمارے گھر نہ سہی
ملول کیوں رہیں دنیا کے انتظام سے ہم

گناہ کیا جو کہیں ہم بھی السّلام علیک
کہ لُطف اٹھاتے ہیں اس بُت کی رام رام سے ہم

ہمیں ہے یاد وہ عہدِ الست اے غافل
بہل سکیں گے نہ دُنیا کی دھوم دھام سے ہم

جبیں کے عشق سے آخر بچی نہ جان اپنی
تمام ہوگئے اس ماہِ ناتمام سے ہم

اگر وہ کہتے ہیں اہلی تو ہم کہیں گے یہی
ضرور کیا ہے کریں بحث جاکے آم سے ہم

اب اور چاہیئے نیٹو کے واسطے کیا بات
یہی بہت ہے مشرّف ہوئے سلام سے ہم

جھڑکی اٹھائی، خموشی سے چل دئے اکبرؔ
سریں رکھتے نہیں کام ٹیم ٹام سے ہم

ख़ुशी बहुत है जहां में हमारे घर ना सही
मलूल क्यों रहें दुनिया के इन्तेज़ाम से हम

गुनाह क्या जो कहें हम भी अस्सलाम आलैक
कि लुत्फ़ उठाते हैं बुत की राम राम से हम

हमें है याद वो अहद-ए-अलसत ऐ ग़ाफ़िल[1]
बहल सकेंगे ना दुनिया की धूमधाम से हम

जबीं[2] के इश्क़ से आख़िर बची ना जान अपनी
तमाम हो गए इस माह-ए-ना तमाम[3] से हम

अगर वो कहते हैं इमली तो हम कहेंगे यही
ज़रूर क्या है करें बहस जा के आम से हम

अब और चाहिए नीटू के वास्ते क्या बात
यही बहुत है मुशर्रफ़[4] हुए सलाम से हम

छड़ी उठायी, ख़मोशी से चल दिए 'अकबर'
सफ़र में रखते नहीं काम टीम टाम से हम

* * *

1. लापरवाह, 2. माथा, 3. अधूरा चन्द्रमा, 4. स्वीकारना।

سانس لیتے ہوئے بھی ڈرتا ہوں
یہ نہ سمجھیں کہ آہ کرتا ہوں

بحرِ ہستی میں ہوں مثالِ حباب
مٹ ہی جاتا ہوں جب اُبھرتا ہوں

اتنی آزادی بھی غنیمت ہے
سانس لیتا ہوں بات کرتا ہوں

شیخ صاحب خُدا سے ڈرتے ہوں
میں تو انگریزوں ہی سے ڈرتا ہوں

آپ کیا پوچھتے ہیں میرا مزاج
شکر اللہ کا ہے مرتا ہوں

یہ بڑا عیب مجھ میں ہے اکبر
دل میں جو آئے کہہ گزرتا ہوں

सांस लेते हुए भी डरता हूं
ये ना समझें कि आह करता हूं

बहर-ए-हस्ती[1] में हूं मिसाल-ए-हुबाब[2]
मिट ही जाता हूं जब उभरता हूं

इतनी आज़ादी भी ग़नीमत है
सांस लेता हूं बात करता हूं

शेख साहब खुदा से डरते हो
मैं तो अंग्रेज़ों ही से डरता हूं

आप क्या पूछते हैं मेरा मिज़ाज
शुक्र अल्लाह का है, मरता हूं

ये बड़ा ऐब मुझमें है 'अकबर'
दिल में जो आए कह गुज़रता हूं

* * *

1. जीवन रूपी समुद्र, 2. बुलबुले की तरह।

دل زیست سے بیزار ہے معلوم نہیں کیوں
سینے میں نفس بار ہے معلوم نہیں کیوں

اقرارِ وفا یار نے ہر اک سے کیا ہے
مجھ سے ہی بس انکار ہے معلوم نہیں کیوں

ہنگامۂ محشر کا تو مقصود ہے معلوم
دہلی میں یہ دربار ہے معلوم نہیں کیوں

افلاس میں مستی تو مجھے خوش نہیں آتی
ساقی کو یہ اصرار ہے معلوم نہیں کیوں

انداز تو عشّاق کے پائے نہیں جاتے
اکبرؔ جگر افگار ہے معلوم نہیں کیوں

جینے پہ تو جاں اہل جہاں دیتے ہیں اکبرؔ
پھر بھی تجھے دشوار ہے معلوم نہیں کیوں

दिल ज़ीस्त[1] से बेज़ार है मालूम नहीं क्यों
सीने में नफ़्स[2] बार है मालूम नहीं क्यों

इक़रार–ए–वफ़ा यार ने हरइक से किया है
मुझसे ही बस इन्कार है मालूम नहीं क्यों

हंगामा–ए–महशर[3] का तो मक़सूद[4] है मालूम
देहली में ये दरबार है मालूम नहीं क्यों

इफ़लास[5] में मस्ती तो मुझे खुश नहीं आती
साक़ी को ये इसरार[6] है मालूम नहीं क्यों

अन्दाज़ तो उश्शाक़[7] के पाये नहीं जाते
'अकबर' जिगर अफगार[8] है मालूम नहीं क्यों

जीने पे तो जां अहल–ए–जहां देते हैं 'अकबर'
फिर भी तुझे दुश्वार है मालूम नहीं क्यों

✱ ✱ ✱

1. जीवन, 2. आत्मा, सांस, 3. प्रलय का हंगामा, 4. मक़सद, 5. ग़रीबी, 6. राज़, 7. प्रेमी, 8. घायल।

جانتا ہوں میں شبِ وصل کی کوتاہی کو
یہ دعا ہے کہ مری عمر سے کوتاہ نہ ہو

یہ ادائیں، یہ لگاوٹ، یہ بلا کی چتون
میں تو کیا، ضبط فرشتوں سے بھی واللہ نہ ہو

اک زمانہ ہے مرے قصۂ غم سے واقف
اس کا باعث جو ہے شاید وہی آگاہ نہ ہو

چشمِ کافر کا اشارہ ہے کہ ایماں کیسا
چہرہ ہنستا ہے کہ دیکھو کوئی گمراہ نہ ہو

خیر خواہ آج زمانہ میں کہاں ملتے ہیں
ہے یہی لاکھ غنیمت کوئی بدخواہ نہ ہو

जानता हूं मैं शब-ए-वस्ल[1] की कोताही को
ये दुआ है कि मेरी उम्र से कोताह ना हो

ये अदायें, ये लगावट, ये बला की चितवन
मैं तो क्या, ज़ब्त फरिश्तों से भी वल्लाह ना हो

इक ज़माना है मेरे क़िस्सा-ए-ग़म से वाक़िफ़
इसका बाईस जो है शायद वही आगाह[2] ना हो

चश्म-ए-काफ़िर[3] का इशारा है कि ईमां कैसा
चेहरा हंस्ता है कि देखो कोई गुमराह ना हो

खैरख्वाह आज ज़माने में कहां मिलते हैं
है यही लाख ग़नीमत कोई बदख्वाह[4] ना हो

* * *

1. मिलन की रात, 2. जानकार, 3. प्रेमिका की निगाह, 4. बुरा चाहने वाले।

دشتِ غربت ہے، علالت بھی ہے، تنہائی بھی
اور ان سب پہ فزوں بادیہ پیمائی بھی

خوابِ راحت ہے کہاں، نیند بھی آتی نہیں اب
بس اُچٹ جانے کو آئی جو کبھی آئی بھی

یاد ہے مجھ کو وہ بے فکری و آغازِ شباب
سخن آرائی بھی تھی، انجمن آرائی بھی

نگہِ شوق و تمنّا کی وہ دل کش تھی کمند
جس سے ہو جاتے تھے رام آہوئے صحرائی بھی

ہم صنم خانہ جہاں کرتے تھے اپنا قائم!
پھر کھڑے ہوتے تھے واں حور کے شیدائی بھی

اب نہ وہ عمر، نہ وہ لوگ، نہ وہ لیل و نہار
بجھ گئی طبع کبھی جوش پہ گر آئی بھی

کام کی بات جو کہنی ہو وہ کہہ لو اکبر
دم میں چھن جائے گی یہ طاقتِ گویائی بھی

दश्त–ए–गुरबत है, अलालत[1] भी है तन्हाई भी
और इन सब पे फ़ुज़ूं बादिया पैमाई भी

ख्वाब–ए–राहत है कहां, नींद भी आती नहीं अब
बस उचट जाने को आई जो कभी आई भी

याद है मुझको वो बेफ़िकरी–ओ–आग़ाज़े–शबाब[2]
सुखन आराई भी थी, अन्जुमन आराई भी

निगाह–ए–शौक़–ओ–तमन्ना की वो दिलकश थी कमन्द
जिससे हो जाते थे राम आहू–ए–सहराई[3] भी

हम सनमखाना जहां करते थे अपना क़ायम[4]
फिर खड़े होते थे वां हूर के शैदाई[5] भी

अब ना वो उम्र ना वो लोग, ना वो लैल व नहार
बुझ गई तबा[6] कभी जोश पे गर आई भी

काम की बात जो कहनी है वो कह लो 'अकबर'
दम में छिन जायेगी ये ताक़त–ए–गोयाई[7] भी

* * *

---

1. बीमारी, 2. यौवन का मस्त आरम्भ, 3. जंगल की हिरणी, 4. स्थित, 5. चाहने वाले, 6. स्वभाव, 7. सुनने की शक्ति।

نہ بہتے اشک تو تاثیر میں سوا ہوتے
صدف میں رہتے یہ موتی تو بے بہا ہوتے

مجھ ایسے رند سے رکھتے ضرور ہی اُلفت
جنابِ شیخ اگر عاشقِ خدا ہوتے

گناہ گاروں نے دیکھا جمالِ رحمت کو
کہاں نصیب یہ ہوتا جو بے خطا ہوتے

جنابِ حضرتِ ناصح کا واہ کیا کہنا
جو ایک بات نہ ہوتی تو اولیا ہوتے

مذاقِ عشق نہیں شیخ میں یہ ہے افسوس
یہ چاشنی بھی جو ہوتی تو کیا سے کیا ہوتے

محلِّ شکر ہیں اکبرؔ یہ درفشاں نظمیں
ہر اک زباں کو یہ موتی نہیں عطا ہوتے

ना बहते अश्क़ तो तासीर[1] में सिवा होते
सदफ़[2] में रहते ये मोती तो बेबहा[3] होते

मुझ ऐसे रिन्द से रखते ज़रूर ही उलफ़त
जनाब-ए-शेख अगर आशिक़-ए-खुदा[4] होते

गुनाहगारों ने देखा जमाल-ए-रहमत को
कहां नसीब ये होता जो बेखता होते

जनाब-ए-हजरत-ए-नासेह[5] का वाह क्या कहना
जो एक बात ना होती तो औलिया[6] होते

मज़ाक़-ए-इश्क़ नहीं शेख में ये है अफ़सोस
ये चाश्नी भी जो होती तो क्या से क्या होते

महल्ल-ए-शुक्र[7] है 'अकबर' ये दरफ़िशां नज़्में
हर इक ज़बां को ये मोती अता[8] नहीं होते

* * *

---

1. गुण, 2. सीप, 3. अमुल्य, 4. ईश्वर भक्त, 5. उपदेशक, 6. संत, साधु, 7. धन्यवाद का समय, 8. प्राप्त।

ملک میں مجھ کو ذلیل و خوار رہنے دیجئے
آپ اپنی عزّتِ دربار رہنے دیجئے

چھوڑنے کا میں نہیں اب آپ کو اے جانِ جاں
ہے اگر مجھ پر خدا کی مار رہنے دیجئے

کھُل گیا مجھ پر بہت ہیں آپ میرے خیر خواہ
خیمہ چندہ لیجئے ، طومار رہنے دیجئے

تیمز میں ممکن نہیں نظارۂ موجِ فرات
ایسی خواہش کو سمندر پار رہنے دیجئے

मुल्क में मुझको ज़लील–ओ–ख़्वार रहने दीजिए
आप अपनी इज़्ज़त–ए–दरबार रहने दीजिए

छोड़ने का मैं नहीं अब आपको ऐ जान–ए–जां
है अगर मुझ पर ख़ुदा की मार रहने दीजिए

खुल गया मुझ पर बहुत हैं आप मेरे ख़ैरख़्वाह[1]
ख़ैर चन्दा लीजिए तोमार[2] रहने दीजिए

टीम्ज़ में मुमकिन नहीं नज़्ज़ारा–ए–मौज–ए–फ़रात[3]
ऐसी ख़्वाहिश[4] को समुद्र पार रहने दीजिए

* * *

1. भला चाहने वाले, 2. बड़ाई, 3. फरात नदी का दृश्य।

سو رنگِ تصوّر میں ہم اے جاں در آئے
ہر رنگ میں تم آفتِ ایماں نظر آئے

اے خضر مری راہ تو بس راہِ جنوں ہے
منزل کو غرض ہو تو خود اس راہ پر آئے

دل جس طرف آیا ہے وہ معلوم ہے مجھ کو
ناصح سے تو پوچھو کہ یہ حضرت کِدھر آئے

یہ حسن بتوں کا، یہ جنوں خیز نگاہیں
پتھر کا بھی دل ہو تو ادھر لوٹ کر آئے

सौ रंग–ए–तसव्वुर में हम ऐ जां दर आए
हर रंग में तुम आफ़त–ए–ईमां नज़र आए

ऐ रिवज्र[1] मेरी राह तो बस राह–ए–जुनूं[2] है
मंज़िल को ग़र्ज़ हो तो रवुद इस राह पर आए

दिल जिस तरफ़ आया हे वो मालूम है मुझको
नासेह[3] से तो पूछो कि ये हज़रत किधर आए

ये हुस्न बुतों का, ये जुनूं–रवेज़[4] निगाहें
पत्थर का भी दिल हो तो इधर लौट कर आए

* * *

---

1 रास्ता दिरवाने वाला 2. पागलपन की राह 3. उपदेशक
4. पागलपन से भरा।

پراگندہ بہت ہے دل مرا دنیا کے دھندوں سے
چھڑا دے مجھ کو یارب نوکری کے سخت پھندوں سے

غلامانہ طریقوں پر مجھے مجبور کرتے ہیں
خدایا بے نیازی دے مجھے ان خود پسندوں سے

مسلمانوں کی خوشحالی کی بے شک دھن ہے سیّد کو
مگر یہ کام نکلے گا نہ لکچر سے نہ چندوں سے

درستی تخت و عزت کی کہاں اب کیل کانٹوں میں
توقع شہ سواری کی نہ رکھو نعل بندوں سے

کجا وہ گیسوئے مشکیں کجا یہ ڈھیلی اسپیچیں
دلِ وحشیِ اکبر پھنس چکا ایسی کمندوں سے

परागन्दा[1] बहुत है दिल मेरा दुनिया के धन्धों से
छुड़ा दे मुझ को या रब नौकरी के सख्त फन्दों से

गुलामाना तरीक़ों पर मुझे मजबूर करते हैं
खुदाया बे नियाज़ी दे मुझे इन खुद पसन्दों[2] से

मुसलमानों की खुशहाली की बेशक धुन है सैय्यद[3] को
मगर ये काम निकलेगा ना लैक्चर से ना चन्दों से

दुरस्ती तख्त–ओ–इज़्ज़त की कहां अब कील कांटों में
तवक़्क़ो[4] शहसवारी की ना रखो नाल बन्दों से

कुजा वो गेस–ए–मुश्कीं[5] कुजा ये ढीली स्पीचें
दिल–ए–वहशी–ए–'अकबर' फंस चुका ऐसी कमन्दों[6] से

* * *

1. अस्त व्यस्त, 2. स्वार्थी, 3. सर सैयद अहमद ख़ां,
4. आशा, 5. माथे पर पड़े केश, 6. फंदा।

سب میں وحشت ہے زمانہ کے بدل جانے سے
دل اب اپنے سے نہ ملتا ہے، نہ بیگانے سے

جب ہمیں وہ نہ رہے پھر یہ بدلنا کیسا
یہ کہو مٹ گئے دنیا کے بدل جانے سے

شیخ مرحوم کا قول اب مجھے یاد آتا ہے
ل بدل جائیں گے تعلیم بدل جانے سے

حکم اکبر کو ہوا ہے کہ کرو ترکِ سخن
خواجہ حافظ بھی نکالے گئے میخانے سے

सब में वहशत है ज़माने के बदल–जाने से
दिल अब अपने से ना मिलता है, ना बेगाने से

जब हमीं वो ना रहे फ़िर ये बदलना कैसा
ये कहो मिट गये दुनिया के बदल जाने से

शेख मरहूम[1] का क़ौल अब मुझे याद आता है
दिल बदल जायेंगे तालीम[2] बदल जाने से

हुक्म 'अकबर' को हुआ है कि करो तरके–ए–सुखन[3]
ख्वाजा हाफ़िज़[4] भी निकाले गये मयखाने से

* * *

1. मृतक 2. शिक्षा 3. कविता छोड़ना 4. एक प्रसिद्ध कवि का नाम।

دم لبوں پر تھا دلِ زار کے گھبرانے سے
آ گئی جان میں جان آپ کے آ جانے سے

تیرا کوچہ نہ چھٹے گا ترے دیوانے سے
اس کو کعبہ سے نہ مطلب ہے نہ بُت خانے سے

شیخ نافہم ہیں کرتے جو نہیں قدر اس کی
دل فرشتوں کے ملے ہیں ترے دیوانے سے

میں جو کہتا ہوں کہ مرتا ہوں تو فرماتے ہیں
کارِ دنیا نہ رُکے گا ترے مر جانے سے

کون ہمدرد کسی کا ہے جہاں میں اکبر
ایک اُبھرتا ہے یہاں ایک کے مٹ جانے سے

दम लबों पर था दिल–ए–ज़ार[1] के घबराने से
आ गयी जान में जान आपके आ जाने से

तेरा कूचा ना छूटेगा तेरे दीवाने से
इस को काबे से ना मतलब है ना बुतखाने से

शेख नाफ़हम[2] है करते जो नहीं क़द्र उसकी
दिल फ़रिश्तों के मिले हैं तेरे दीवाने से

मैं जो कहता हूं कि मरता हूं तो फ़रमाते हैं
कार–ए–दुनिया[3] ना रूकेगा तेरे मर जाने से

कौन हमदर्द किसी का है जहां में 'अकबर'
एक उभरता है यहां एक के मिट जाने से

* * *

---

1. बेचैन दिल, 2. अनभिज्ञ, 3. संसार के कार्य।

اس انقلاب پر جو میں روؤں تو ہے بجا
مجھ کو وطن میں اب کوئی پہچانتا نہیں

کیں رُخ چلوں رسوں تو دُنیا سے اُٹھ گئے
اللہ ہے سو اس کو میں پہچانتا نہیں

میرے لئے شراب یہاں بھی ہے کیا حرام
اس شہر میں تو کوئی مجھے جانتا نہیں

اکبر ہنوز ان سے ہے اُمّید وارِ لُطف
بدلی ہوئی نگاہ کو پہچانتا نہیں

इस इन्क़लाब पर जो मैं रोऊं तो है बजा
मुझको वतन में अब कोई पहचानता नहीं

किस रूख[1] चलूं रसूल[2] तो दुनिया से उठ गये
अल्लाह है सो उसको मैं पहचानता नहीं

मेरे लिये शराब यहां भी है क्या हराम
इस शहर में तो कोई मुझे जानता नहीं

'अकबर' हुनूज़[3] उनसे है उम्मीद वार–ए–लुत्फ़[4]
बदली हुई निगाह को पहचानता नहीं

* * *

1. तरफ़, ओर, 2. अवतार 3. अब भी, 4. कृपादृष्टि का इच्छुक।

یارب ایسا کوئی بُت خانہ عطا کر جس میں
ایسی گُزرے کہ تصوّر بھی گنہگار نہ ہو

کیا وہ مستی کہ دمِ چند میں تکلیفِ خمار
مست وہ ہے کہ قیامت میں بھی ہشیار نہ ہو

ناز کہتا ہے کہ زیور سے ہو تزئینِ جمال
ناز کی کہتی ہے کہ سرمہ بھی کہیں بار نہ ہو

دلِ پُر داغ کو ارماں کہ گلے اُن کو لگائے
ان کو یہ ڈر کہ گلے کا یہ کہیں ہار نہ ہو

या रब ऐसा कोई बुतखाना अता[1] कर जिसमें
ऐसी गुज़रे कि तसव्वुर भी गुनाहगार[2] ना हो

क्या वो मस्ती कि दम–ए–चन्द[3] में तकलीफ़–ए–खुमार
मस्त वो है कि क़यामत में भी हुशियार ना हो

नाज़ कहता है कि ज़ेवर से हो तज़ईन–ए–जमाल[4]
नाजुकी कहती है कि सुरमा भी कहीं बार[5] ना हो

दिल–ए–पुरदाग़[6] को अरमां, कि गले उनको लगाये
उन को ये डर कि गले का ये कहीं हार ना हो

* * *

---

1. बख़्शाना, दान करना, 2. दोषी, 3. क्षणभर में,
4. सुदरता का रख रखाव, 5. बोझ, 6. दुखों से भरा दिल।

ہنگامہ ہے کیوں برپا تھوڑی سی جو پی لی ہے
ڈاکہ تو نہیں مارا، چوری تو نہیں کی ہے

ناتجربہ کاری سے واعظ کی یہ ہیں باتیں
اس رنگ کو کیا جانے پوچھو تو کبھی پی ہے

اس مے سے نہیں مطلب، دل جس سے ہے بیگانہ
مقصود ہے اس مے سے، دل ہی میں جو کھنچتی ہے

سورج میں لگے دھبہ، فطرت کے کرشمے ہیں
بت ہم کو کہیں کافر، اللہ کی مرضی ہے

हंगामा है क्यों बरपा थोड़ी सी जो पी ली है
डाका तो नहीं मारा, चोरी तो नहीं की है

ना तजुर्बाकारी से वाईज़[1] की ये हैं बातें
इस रंग को क्या जाने, पूछो तो कभी पी है

इस मय[2] से नहीं मतलब, दिल जिस से है बेगाना
मक़सूद[3] है उस मय से, दिल ही में जो खिंचती है

सूरज में लगे धब्बा, फ़ितरत[4] के करिश्मे हैं
बुत हम को कहें काफ़िर, अल्लाह की मरज़ी है

* * *

1. प्रवक्ता, धर्म प्रचारक, 2. शराब, 3. हासिल, प्राप्त, 4. प्राकृति।

خوشی ہے سب کو کہ آپریشن میں خوب نشتر یہ چل رہا ہے
کسی کو اس کی خبر نہیں ہے مریض کا دم نکل رہا ہے

فنا اسی رنگ پر ہے قائم، فلک وہی چال چل رہا ہے
شکستہ و منتشر ہے وہ کل، جو آج سانچے میں ڈھل رہا ہے

یہ دیکھتے ہو جو کاسۂ سر، غرورِ غفلت سے کل تھا مملو
یہی بدن ناز سے پلا تھا جو آج مٹی میں گل رہا ہے

سمجھ ہو جس کی بلیغ، سمجھے۔ نظر ہو جس کی وسیع، دیکھے
ابھی یہاں خاک بھی اڑے گی جہاں یہ قلزم اُبل رہا ہے

کہاں کا شرقی، کہاں کا غربی، تمام دکھ سکھ ہے یہ مساوی
یہاں بھی اک بامراد خوش ہے، وہاں بھی اک غم سے جل رہا ہے

عروجِ قومی زوالِ قومی، خدا کی قدرت کے ہیں کرشمے
ہمیشہ رد و بدل کے اندر یہ امر پولٹیکل رہا ہے

مزہ ہے اسپیچ کا ڈنر میں، خبر یہ چھپتی ہے پانیر میں
فلک کی گردش کے ساتھ ہی ساتھ کام یاروں کا چل رہا ہے

है सबको कि आपरेशन में ख़ूब नश्तर[1] ये चल रहा है
किसी को इसकी ख़बर नहीं है, मरीज़ का दम निकल रहा है

फना[2] उसी रंग पर है कायम, फलक वही चाल चल रहा है
शकिस्ता-ओ-मुन्तशर[3] है वो कल, जो आज सांचे में ढल रहा है

ये देखते हो जो कासा-ए-सर[4], गुरूर-ए-ग़फ़लत से कल था ममलू[5]
यही बदन नाज़ से पला था जो आज मिट्टी में गल रहा है

कहां का शरक़ी[6], कहां का ग़रबी[7], तमाम दुख सुख हैं ये मसावी
यहां भी इक बामुराद ख़ुश है, वहां भी इक ग़म से जल रहा है

उरूज-ए-कौमी[8] ज़वाल-ए-क़ौमी[9], ख़ुदा की क़ुदरत के हैं करिश्मे
हमेशा रद्दोबदल के अन्दर ये अमर पालिटिकल रहा है

मज़ा है इस्पीच का डिनर में ख़बर ये छपती है पानियर में
फ़लक की गर्दिश के साथ ही साथ काम यारों का चल रहा है

* * *

1. चाकू, 2. मिटना, 3. टूटा और बिखरा हुआ, 4. सर का बर्तन, खोपड़ी, 5. दुखी, 6. पूरब का रहने वाला, 7. पश्चिम का रहने वाला, 8. जाति का उत्थान, 9. जाति का पतन।